KB102358

———————— 님의 소중한 미래를 위해
이 책을 드립니다.

빅테크가 바꿀
부의 지도

한 권으로 끝내는 빅테크 수업

빅테크가 바꿀 부의 지도

김국현 지음

메이트북스

메이트북스 우리는 책이 독자를 위한 것임을 잊지 않는다.
우리는 독자의 꿈을 사랑하고,
그 꿈이 실현될 수 있는 도구를 세상에 내놓는다.

빅테크가 바꿀 부의 지도

초판 1쇄 발행 2022년 3월 25일 | 지은이 김국현
펴낸곳 ㈜원앤원콘텐츠그룹 | 펴낸이 강현규·정영훈
책임편집 안정연 | 편집 남수정 | 디자인 최정아
마케팅 김형진·서정윤·차승환 | 경영지원 최향숙 | 홍보 이선미·정채훈
등록번호 제301-2006-001호 | 등록일자 2013년 5월 24일
주소 04607 서울시 중구 다산로 139 랜더스빌딩 5층 | 전화 (02)2234-7117
팩스 (02)2234-1086 | 홈페이지 matebooks.co.kr | 이메일 khg0109@hanmail.net
값 18,000원 | ISBN 979-11-6002-370-1 03320

잘못 만들어진 책은 구입하신 서점에서 교환해 드립니다.
이 책을 무단 복사·복제·전재하는 것은 저작권법에 저촉됩니다.

기술은 유용한 하인이지만
위험한 주인이다.

• 크리스티안 랑에(역사학자, 1921년 노벨평화상 수상) •

테크놀로지를 안내하는 마음으로
지도를 그렸습니다

일과 생활에서 불확실성이 늘어나버린 시대. 세계화에 인구 변화에 기후 변화에, 여기에 다시 극단적 정보화와 같은 기술 변화까지. 게다가 최근의 코로나19 팬데믹까지 더해지니 참으로 가혹한 시절입니다.

하지만 변화가 일으킨 혼돈이 기회의 틈 또한 벌려주고 있었습니다. 여러 변화 중에서 기술은 모두 사람이 만들어낸 것이지요. 기술이란 그저 어디선가 떨어져 주어진 것이 아니라, 누군가의 가설에서 시작된 꿈과 희망의 결실이니까요. 그렇다면 소비자로서도 '유저'로서도 수동적으로 기술에 휩쓸릴 것이 아니라, 변화를 불러오는 기술들에 대해 당사자로서 관여할 수 있다는 뜻이기도 합니다. 결국 사람의 일이니까요.

각자의 시점에서 기술이 가져온 변화를 바라보고 해석해보는 용기만 있다면, 기술이 펼쳐놓은 길은 공평하게 열려 있습니다. 기술과 플랫폼을 자유자재로 우리 도구로 활용할 수 있을 때, 이들을 변화에 대해 더 적극적으로 발언하고 행동하기 위한 토대로 삼을 수 있을 때, 우리는 변화를 길들였다고 말할 수 있겠지요. 기술의 의미와 이면을, 그 변화의 요소를 이해하는 일은 그래서 반드시 필요합니다.

인간이 궁리해낸 도구는 현실이 답답할수록 용기를 주는 마력이 있습니다. 광야의 풍경이 지도 한 장, 나침반 하나로 달라지는 것처럼 말이지요.

이 책이 테크놀로지의 사이사이를 안내하는 지도가 되었으면 좋겠습니다. 이는 메이트북스 안정연 부장의 질문들에서 시작된 책입니다. 길을 묻는 지도를 그리는 데, 좋은 질문이 얼마나 중요한지를 알게 해준 기획이기도 했습니다.

여러분의 마음속에도 이 사회를 더 활성화하고 우리 삶을 풍성하게 하기 위한 지도 한 장씩 그리시기를 바랍니다.

김국현

CONTENTS

CHAPTER 1
IT 전성시대, 기술이 바로 경쟁력이다

〉〉〉

CHAPTER 2
인공지능, 세상의 중심에 우뚝 서다

〉〉〉

CHAPTER 3

메타버스와 NFT, 도대체 무엇이길래 세상이 시끄러울까?

〉〉〉〉

CHAPTER 4

우리는 지금 클라우드 컴퓨팅 시대의 한복판에 서 있다

〉〉〉〉

로봇이 사람을 대신하는 세상이 온다

기업 생존에 기술은 필수다

정보통신, IT, 디지털 기술 등등. 우리 모두가 스마트폰을 들고
다니기 전까지만 해도 IT는 일부만의 일이었습니다. 컴퓨터는
회사나 집, 혹은 PC방에 가서나 할 수 있는 것이었지요. 그래
서 일상과 분리되었습니다. 그런데 지금은 어떤가요? 우리 모
두의 일상이 작은 창 너머에 있는 세계와 밀접하게 관련되어
있습니다. 작은 창 너머의 세계에 의존하게 되면서 IT는 이제
우리 모두의 일상이 되고 있습니다.

CHAPTER

1

IT 전성시대,
기술이 바로
경쟁력이다

> > > >

거대한 기술 변화의 흐름이 우리 앞에 놓여 있다

어떤 기술이 만들어지고 그 가치에 목격자가 생기면, 기술이 없던 시절로 되돌아가기란 쉽지 않습니다. 현재 다양한 기술이 디지털을 기반으로 해서 '쏟아져' 내리고 있습니다. 그런데 그 '양'이 문제입니다.

"기술은 언제나 이깁니다." 조금은 낯 뜨겁고 뻔뻔한 이야기를 소리 내어 말하는 사람이 그리 많지 않을 겁니다. 그런데 이 '건방진' 명제를 신봉하는 사람들이 적지 않습니다. 기술이 지닌 신기함, 그리고 그 새로움의 충격, 다시 그 여파가 불러오는 변화까지 모두 설레는 일입니다.

도구의 인간, 인류는 기술 앞에서 설렙니다. 물론 기술을 두려워하는 이들도 있습니다. 아마 기술을 두려워한다기보다 변화를 꺼려하는 것이겠지요. 만들고 싶어 하는 본능보다 안전하고 싶은 본능이 앞서는 경우가 있습니다. 지금껏 이룩해놓은 달콤하고 평온한 일상이 내게 만약 있다면, 그 소중한 현재가 흔들리는 일이 싫을 수도 있겠지요.

우리들의 심리 덕에 미래는 늘 오늘과 싸워야만 했습니다. 그렇지만 "기술은 언제나 이깁니다(Technology will always win)." 이 말은 앤드루(앤디) 그로브(Andrew S. Grove)가 한 말입니다. 그는 인텔을 초고속으로 성장시킨 전설적인 CEO(1987~1998년)이자 공학자입니다. 여기에 이어지는 말이 있습니다. "기술은 항상 승리할 것입니다. 법의 간섭으로 기술을 지연시킬 수는 있지만, 기술은 법이 쳐놓은 장벽을 돌아 흐를 것입니다."

오늘을 지키고 싶은 이들은 오늘의 질서에 하소연합니다. 예컨대 법을 방패로 삼습니다. 하지만 사람이 만든 어떠한 질서와 약속도 기술을 무마시킬 수는 없습니다. 처음 불을 발견하고, 그 불을 다시 만드는 법을 발명한 인류는 당시의 흥분을 숨길 수 없었겠지요. 그들로서도 불을 목격하고 만져본 이상, 이전의 삶으로 돌아가는 일은 불가능했습니다.

수많은 기술이 등장하자마자 무시되기도 하고 배척되기도 했습니다. 그러나 불사조처럼 곧 새로운 모습으로 되돌아왔습니다. 판도라의 상자가 열린 후 다시 뚜껑을 덮는 것이 무의미해지는 것처럼, 모든 기술은 각각의 가능성에 목격자가 생긴 뒤에는 이전 상태로 돌아갈 줄을 모릅니다. 하나의 기술이 영양과 관심이 부족해서 말라비틀어질 수는 있지만, 곧 그 자리에는 새로운 기술이 피어납니다. 그러고는 우리를 둘러싸고, 감싸고, 삼켜버리고 맙니다.

네, 정말로 삼켜버립니다

"네, 정말로 삼켜버립니다." 2011년 마크 앤드리슨(Marc Andreessen)이 한 말입니다. 그는 인터넷 여명기에 웹브라우저 넷스케이프 내비게이터를 만든 입지전적 소프트웨어 개발자입니다. 벤처 캐피털 회사인 앤드리슨 호로위츠(Andreessen Horowitz, 속칭 a16z*)의 주인으로도 유명하지요. 그는 〈월스트리트 저널〉에 칼럼을 실었는데, 칼럼 제목이 '소프트웨어 세상을 먹어 치우는 이유(Why Software Is Eating the World)'였습니다.

여기에서 말하는 '이유'란 IT의 발전 속도를 작금(昨今)의 금융시장은 평가하기 힘들고, IT의 비용은 막무가내로 저렴해지고 있으며, 그 결과 모든 산업의 리더는 소프트웨어 기업이 되어버린다는 것이었습니다. 당시에는 금융위기에서 갓 벗어난 시기라 '정말 그럴까?'라고 생각한 이들도 있었지만, 현재는 모두 사실이 되었습니다. 상거래부터 엔터테인먼트에 이르기까지 테크 기업의 이름은 언제나 빠지지 않습니다.

칼럼은 이렇게 끝납니다. "엄청나게 큰 기회가 있습니다. 나는 어디에 내 돈을 넣을지 알고 있지요." 그 시점과 현재의 국내외 테크

---

* 철자가 너무 긴 경우에 맨 앞과 뒷글자만 쓰고 그 사이에 글자 개수를 끼워 넣어 표기할 때가 있습니다. 2명의 이름을 따서 만든 이 벤처 투자회사는 페이스북, 트위터, 인스타그램, 에어비앤비 등에 투자해 엄청난 투자 성공률을 거두었고, 2011년 당시 미국 1위의 벤처 캐피털 회사로 평가받았습니다.

기업들의 주가를 비교해보면 아쉬움에 탄식하는 분들도 많겠지요.

그런데 우리가 정말 신경 써야 할 부분은 주식이 아닙니다. 기술, 특히 소프트웨어가 세상과 일상에 지각 변동을 일으키고 있다는 점을 신경 써야 합니다. 그리고 그 속도가 점점 빨라진다는 데 신경을 써야 합니다.

우리는 평생직장을 꿈꿉니다. 그런데 은퇴를 하기도 전에 우리 일상에는 기술이 스며들 것입니다. 그리고 어떤 부분에서는 소프트웨어가 야금야금 씹기 시작하고 있을 겁니다. 우리는 그 풍경을 목격하는 날, 어디에서 무엇을 하고 있어야 할까요?

이에 예외는 없습니다. 심지어 앤드루 그로브의 인텔도 예외는 아니었습니다. CPU 분야에서 한우물만 판 인텔보다 '훨씬' 더 전력 대비 성능이 좋은 칩을 만들어내는 애플이 등장했습니다. 앤드루 그로브 생전에는 생각도 하지 못했던 일이 2020년에 벌어지고 맙니다. 칩 개발에 소프트웨어적인 기법**이 중요해지는 시대에, 생각지도 못했던 경쟁자가 등판한 셈입니다.

기술은 스며들 듯 흘러들어 어느새 모든 걸 삼킵니다. 흐르는 변화를 막을 수는 없습니다. 차오르는 변화를 애써 쳐다보지 않을 수는 있겠지요. 다만 그 흐름이 우리를 더 먼 곳으로 항해할 수 있도록

** 현대적 CPU는 명령을 순차적으로 묵묵히 수행하는 대신, 동시에 실행하거나 순서를 바꾸거나 혹은 투기적으로, 그러니까 '도 아니면 모'라는 식으로 미리 실행해버리는 극단적인 수법을 동원해 그 속도를 높입니다. 칩 역시 알고리즘이 중요해지는 시대가 되었습니다. 애플의 새로운 칩은 이 부분에서 인텔을 능가했습니다.

해줄 수 있습니다.

아, 물이 들어왔습니다. 닻을 올리고 노를 젓기 시작하는 이들의 편에 타보지 않겠습니까?

기술이 빠르게 차오르는 것을 막을 수는 없습니다.
더 먼 곳으로 항해할 수 있게 우리도 준비를 해야 합니다.

기술이 '미래 부의 지도'를 바꾼다

부자가 되고 싶은 마음은 변화에 대한 본능적인 불안이 한몫을 합니다. 그런데 미래의 흐름을 탈 수 있다면, 아직 돈이 많지 않아도 즐거울지 모릅니다.

코로나19 팬데믹 직후, 혼돈 속에서 자본시장을 구원한 것은 대형 기술주였습니다. 그리고 비트코인 등 암호화폐는 아찔할 만큼의 낙폭을 보이면서도 동시에 '말도 안 되는 수준'의 상승세도 보였습니다. 각국에서 풀어버린 유동성은 큰 의미에서 보면 기술 관련 분야가 흡수하고 있었던 셈입니다.

오히려 돈이 흔해져서 어느 때보다도 창업하기가 쉬워졌고, 스타트업 업계와 벤처 캐피탈리스트들은 팬데믹 와중에 눈치 없이 말하곤 했습니다. "뭐니 뭐니 해도 기술에 희망과 대안이 있다"며 낙관하는 이들은 늘 있었습니다.

그런 의미에서 기술은 누군가에게 부를 가져다주고 있다고 말할 수도 있겠네요. 하지만 돈을 풀고, 또 풀린 돈이 투기가 되어 어딘가

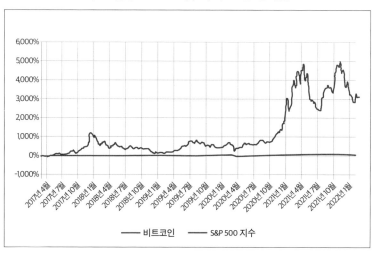

비트코인과 S&P 500 지수 비교(2022년 2월 기준)

로 몰리고 있는 현상이 언제까지나 지속될 리는 없습니다. 이제 중요한 물음은 현재의 버블 속에서 '과연 기술이 창출하는 풍요란 무엇인가'이겠지요.

과학과는 달리 공학 기술의 존재 의미는 발견이나 발명을 응용할 때 나옵니다. 공업과 산업이 만드는 효과와 효용이 분명하다면, 그전까지는 존재하지 않았던 가치와 잉여를 만들어냅니다. 기술은 필연적으로 일상을 변화시킬 정도의 파급효과를 가져오는데, 근현대사는 물론 인류사의 지정학적 충돌을 돌이켜보면 결국 기술이 판세를 결정하곤 했습니다. 총과 창의 싸움은 해보나 마나니까요. 따라서 기술은 부국강병으로 가는 길과 동일시되었고, 근대화·산업화를 변화시켜주는 열쇠가 되기도 했습니다. 이처럼 기술은 삶을 직접적으로 바꿀 힘을 지니고 있었습니다.

디지털 기술이 다른 기술 혁신과 다른 이유

일견 당연한 이야기를 하는 이유는 지금 우리 앞에 놓인 새로운 기술 변화가 기술의 특성과는 또 다른 면이 있기 때문입니다. 디지털 기술은 다른 기술 혁신과 다음과 같은 차이가 있습니다.

① 생산수단의 민주화가 개인 단위에서 완성됨

② 변화의 가속도가 빠르고, 그 파급력이 전방위적임

지금까지 인류는 수많은 기술 혁신을 겪었고, 일부는 혁명이라고 불릴 만큼 충격적이었습니다. 다만 성과를 발휘할 힘은 대개 국가나 자본가에 귀속되어 있었습니다. 20세기의 이데올로기 전쟁도 결국은 힘의 소재에 대한 갈등으로 해석할 수 있습니다. 거대한 연구 집단과 시설이 있지 않다면 기술의 힘은 완성되기가 힘듭니다. 그런데 현재 벌어지고 있는 기술의 변화는 중후장대한 기술의 변화라기보다 작은 기술의 변화, 즉 개인 단위(Personal)로 작아지는 기술에 대한 것입니다.

아폴로11호를 달에 안착시킨 컴퓨터보다 우리 주머니 속 스마트폰이 수십만, 수백만 배 빠릅니다.* 달에 가기 위해서는 국가 총동

---

* 아폴로11의 AGC(아폴로 가이던스 컴퓨터)은 겨우 0.043MHz이나, 스마트폰은 2~4GHz의 코어가 여럿 돌고 있습니다.

원령이 필요할지 모르지만, 달에 가기 위한 계산을 수행하기에 충분한 기술은 전 국민의 주머니로 들어왔습니다. 그리고 보급된 기술을 바탕으로 아이디어가 있다면 누구나 새로운 일을 펼칠 수 있게 되었습니다. 무엇보다 사회도 제도도 '작은 시작'을 응원하고, 이를 보장하려는 방향으로 가고 싶어 합니다.

예컨대 각 사회가 망중립성(網中立性, Net Neutrality)이라는 약속**을 지키려고 노력해온 이유는 오늘 창고에서 시작된 사업이라도 투자에 대한 부담 없이 바로 거인과 경쟁하고 또 전 세계로 뻗어나갈 수 있게 하기 위함입니다.

클라우드 덕에 초기 설비투자도 필요 없습니다. 가장 저렴한 PC를 사서 제일 저렴한 요금제, 심지어 무료 트라이얼의 클라우드를 빌려 나만의 사업을 가상세계에서 시작할 수도 있습니다. 지금은 온라인이 오프라인을 조종하는 시대입니다. 골방이나 창고에서 만들어낸 가상세계가 현실을 금세 장악할 수도 있습니다. 우리가 의존하는 수많은 온라인 서비스들은 모두 그렇게 시작되었습니다. 흥미로운 점은 혁신의 도구가 모두의 책상 위, 무릎 위, 주머니 속에 찾아오면서 우리의 삶을 구성하는 많은 요소에 영향을 미치기 시작했다는 것입니다.

디지털과 궁합이 좋은 산업부터 디지털화가 펼쳐지기 시작합니

** 네트워크 사업자들은 그 위에서 오고 가는 데이터 트래픽을 차별해서는 안 된다는 약속입니다. 작은 스타트업이 거대 기업으로 성장할 수 있었던 것은 이 대전제가 있었기 때문입니다.

다. 바이오 업계는 유전정보라는 코드를 다루기 시작하면서 디지털의 혜택을 입고 있습니다. 코로나19 백신의 경우에도 디지털의 힘이 없었다면 이렇게 빨리 '코딩'이 완료되지 않았겠지요. 마치 프로그램을 짜듯이 백신을 짜서 컴파일하는 시대가 되어버렸습니다. 실험실의 실험관만큼이나 클라우드의 코드가 생명과학의 연구에서 중요해지고 있습니다.

기술은 효용과 잉여를 늘릴 뿐만 아니라, 불가능을 가능하게 만드는 결정적 구성 요소의 역할을 합니다. 현재의 디지털이 그러한 위치에 있습니다. 산업 곳곳에서 '디지털 트랜스포메이션'이라며 모두 조바심을 내는 이유도 여기에 있지요.

기술을 알면 돈의 흐름이 보인다

21세기의 기술 변화는 디지털로 상징됩니다. 현생인류의 역사가 20만 년이라는 점과 비교하면, 디지털은 극히 짧은 시간에 벌어진 급격한 변화입니다.

이에 따라 사람들은 급변하는 환경에 의해 피로감을 느끼고 있습니다. 급격한 변화 앞에서는 누구나 불안해합니다. 사람은 환경이 변화하는 속도에 맞추어 급변할 수 없으니까요. 개개인의 불안이 야기한 개별적 변화의 사회적 축적은 갑작스럽게 모습을 드러내기도 합니다. 2021년 신생아 수가 1971년 신생아 수보다 1/4로 줄어들었으니까요. 불과 50년 만에 벌어진 일입니다.

돈은 수치화가 가능해서 평가 지표가 됩니다. 무엇을 하기 위해서는 얼마가 있어야 한다거나 언제까지 얼마를 모아야겠다거나, 돈은 불안한 마음을 다잡기 위한 손쉬운 목표가 되어줍니다.

그런데 부자가 되어야 한다는 강박에 빠져서 우리 앞에 놓인 변화의 의미를 놓치고 있는 건 아닐까요? 반드시 부자여야만 행복하거나 만족하거나 의미 있는 삶을 사는 것은 아니지요. 물론 최소한의 물질적 자원의 확보가 전제될 수는 있습니다. 행복 추구를 위해 필요한 최소한의 물질적 기반을 스스로의 자활(自活)에 의해 만인이 확보할 수 있는 사회. 가치의 스톡(Stock)이 아닌 플로우(Flow)가 중시되는 사회. 앞서 언급한 디지털 기술이 지닌 2가지 특성은 이러한 사회를 만들어갈 잠재력이 있습니다.

사람들은 자기의 시간을 들여서 만든 '코드'를 오픈소스로 무료 공개합니다. 왜 그럴까요? 돈을 얼마 버는 것보다도 자신이 기여한 사실을 알리는 방향이 더 큰 가치가 있었기 때문입니다. 이를 인정해주는 시스템과 제도가 만들어지고 있었습니다. 기술의 편에 서는 일. 그 입장을 취함으로써 모두가 당장 부자가 될 수 있을지는 모르겠으나, 달라진 환경에도 경쾌하게 살아남을 수 있는 유연성만큼은 확보할 수 있겠지요.

어느 때보다도 급격해진 변화의 시대, 이에 적응할지 여부가 앞으로의 삶의 자세에 큰 영향을 미칩니다. 기업의 관점에서도, 또 개인의 입장에서도요. 모두가 일확천금을 안고 은퇴를 꿈꾼다면, 이는 건강한 사회라거나 재미있는 세상으로 보기는 힘들 터입니다.

인간은 척박한 환경에서도 도구를 만들고 더 나은 방향으로 발전시키면서 미래를 만들었습니다. 남아프리카공화국에서 발견된 20만 년 전의 초기 현생인류의 흔적을 봐도 알 수 있습니다. 그들은 잎이 넓은 풀을 잿더미에 깔아 침대를 만들어 생활했습니다. 더 이상 해충이 인간의 잠을 방해하지 않게 하면서 다음 세대를 키워왔습니다. 전분이 많은 뿌리 식물을 모두 함께 구워 먹으면서 말이지요.

그들이 부자는 아니었는지 모르겠습니다. 다만 주어진 본능에 충실했기에 삶을 만끽했고, 그 결과 오늘의 우리가 있는 것입니다.

우리는 이미 기술 중심의 세상에서 살고 있다

신기술에 뒤따르는 거부감이나 두려움은 그보다 더 큰 거부감과 두려움에 의해 무뎌집니다. 기술은 이미 우리 생활 속에 들어와 있습니다. 코로나19 팬데믹과 같은 외부의 압력은 기술 채택을 종용합니다.

10년이 걸려도 힘든 도약이 단 1년 만에 이뤄졌다고 입을 모으고 있습니다. 바로 코로나19 팬데믹 때문입니다. 기술이 미래를 바꿀 수 있다는 가능성을 보여준 상황이지요. 팬데믹의 영향으로 재택근무나 원격 교육 등이 활발해지면서 새로운 기술이 일상생활을 변화시켰습니다.

이미 착실하게 변해가고 있던 쇼핑과 금융도 변화를 급격하게 서둘렀고, 의료나 교육처럼 상대적으로 급진적인 변화가 덜한 분야도 변할 수밖에 없었습니다. 우리는 전염병으로 기능부전에 빠진 사회를 다시 구동할 힘이 기술에 있음을 알게 되었습니다. 기술의 적극적인 적용을 요구하는 사회적 압박이 거세지고 있기 때문입니다.

"궁하면 통한다"라고 했던가요. 인간은 어떻게든 미래를 위한 길을 냅니다. 그렇게 난 길은 새로운 습관이 되고, 문화가 되기도 하지요. 온라인 쇼핑이 할 만하다, 아니 오히려 즐겁다고 느낀 어르신들만 봐도 그렇습니다. 그들은 날이 갈수록 거동이 점점 더 불편해질까 불안한 마음 한 편에서 새로운 희망을 봤을 수도 있습니다.

골목에서 뛰놀던 어른들의 추억 대신에 아이들은 이제 줌(Zoom)을 켜놓습니다. 줌을 켜놓은 채 친구와 공작을 하거나 침묵 속에서 서로의 숨결을 느끼며 공부합니다. 그들은 지금의 날들을 기억할 것입니다. 어른들이 만든 21세기 도시에는 아이들이 뛰어놀 공간은 줄어들었더라도 또 다른 어른들이 아이들을 위한 공간을 디지털 너머에 만들고 있습니다.

우리는 삶의 상당 부분을 일터에서 소진합니다. 이 일터도 변했습니다. 굳이 한곳에 모여서 일하지 않아도 됩니다. 원격회의와 재택근무를 적절히 조합함으로써 생산성이 높았다고 털어놓는 기업도 적지 않습니다. 디지털에 익숙한 기업들, 특히 빅테크 기업 및 스타트업 회사 중에는 재택근무가 끝나고도 회사로 출근하는 일정을 늦추거나 트위터, 네이버 라인처럼 원격근무를 선언하기도 했습니다.

그런데 모든 기업, 모든 직군이 원격근무를 할 수 있는 건 아닙니다. 누군가는 고객이나 현장과 대면해야 합니다. 소위 말하는 '필수노동'은 현장을 떠날 수 없습니다. 이들을 조종하거나 그들에게 명령을 내리기 위한 소프트웨어를 짜는 사람들만 집에 머무를 수 있습니다. 그렇다고 집에서 일하는 것이 무조건 좋은 것도 아닙니다. 공과 사 구분이 어려워지면서 집이라는 공간이 스트레스를 주는 공간이 되기도 하고, 신입일수록 선배에게 배울 수 있는 기회를 얻지 못할 수도 있으니까요. 여러 의미에서 '오늘'이 고착화될 수도 있습니다.

기술은 누구에게나 똑같이 제공되는가?

이처럼 디지털이 누구에게나 공평하고 평등하게 제공되지는 않습니다. 여전히 온라인 쇼핑의 문턱은 높습니다. 반면에 온라인에서 쇼핑을 자주 하는 사람들 위주로 혜택이 마련되어 있지요. 디지털 리터러시*에 따라 가격은 차별화되고요. 속을 들춰보니 어쩐지 마음이 상합니다.

온라인으로 진행되는 비대면 교육이 교육 격차를 심화시킨다는 목소리도 높아지고 있습니다. 온라인으로 자기주도학습을 할 수 있는 아이들은 일부에 불과하지요. 공부를 처음부터 잘하던 아이, 부모가 교육에 관심을 갖는 아이들이라면 온라인 학습은 유리합니다. 그런데 교과지식이 학습의 전부는 아닙니다. 교과지식 외에도 아이들이 배워야 할 것은 많습니다. 교실을 잃고 나니, 그 소중함을 절실히 깨닫게 되었습니다.

팬데믹이 주춤해질 때마다 일종의 '보복 소비'(Revenge Spending)가 늘었던 것처럼, 팬데믹이 끝나면 많은 일들이 원래대로 돌아가려

---

* 디지털 문해력. 디지털 세계를 접하면서 필요한 정보를 얻고, 나아가 비판적으로 이해하고 활용하며 스스로 생산까지 할 수 있는 개인의 능력을 뜻합니다.

하겠지요. 그런데 팬데믹 종식 후에 일상이 어느 정도로 과거로 되돌아갈 수 있을지는 생각해볼 문제입니다. 우리는 이미 다른 가능성을 목격했고, 한 번 본 이상 계속 생각이 날 테니까요.

우리는 이제 바이러스가 아니더라도 출퇴근 시간에 만원 버스에서 시달리는 일이 정신 건강에 좋지 않다는 사실을 깨달았습니다. 모여 있다고 해서 생산성이 발휘되는 것도 아니라는 사실을 느꼈습니다. 온라인 쇼핑이 때로는 더 싸고 편한 방법이라는 것, 교육이 교실이 아닌 온라인으로도 가능하다는 것을 익혔습니다.

팬데믹이 새로운 생활양식을 강요한다 해도 사무실에서 동료들과의 수다 같은 삶의 윤활유를 빼앗을 수는 없습니다. 하지만 이동, 근무, 심지어 자산에 대한 가치까지 변해가고 있는 이상, 모두가 자연스럽게 디지털을 권하는 사회가 될 것임엔 의심의 여지가 없습니다.

얼마 전만 해도 '디지털로 해보자'라고 하면 많은 사람들이 유난을 떤다고 생각했습니다. 그런데 이제는 디지털로 해보는 일을 '당연하게' 여기고 있습니다. "10년이 걸려도 힘들었던 도약이 지금은 가능해졌다"라는 말에는 사회적 거부감이랄까, 문턱이 사라졌다는 뜻이 들어 있습니다. 그리고 일시적일 것이라 믿었던 변화는 어느새 일상을 바꿔놓을 가능성이 큽니다. 코로나19로 인한 QR 방역 때문에 시민들은 카카오와 네이버에 더 의존하게 되었습니다. 그래야만 어디든 방문할 수 있으니까요. 이 과정에서 기업에 대한 신뢰가 형성되고 브랜드가 정착됩니다. 이는 곧 '이제 얼마든지 새로운 사업을 들이밀 수 있게' 된 것이지요.

2021년 하나금융경영연구소의 '빅테크와 은행의 협업 확대 필요성' 보고서에 따르면 국내의 MZ 세대 10명 중 8명은 카카오뱅크·네이버페이를 각각 1, 2위의 주요 금융기관으로 인식하고 있었습니다.

플랫폼의 의미를
명확히 파악하고 이해하자

미래 사업을 구동하기 위한 기본적인 환경을 먼저 구축하는 이에게 어드밴티지가 주어지는 시대가 되고 있습니다. 플랫폼은 그 시대상을 나타냅니다.

플랫폼이란 '토대, 승강장, 연단 등 기반이 되는 환경이나 구축물'을 말합니다. 기반으로서의 의미는 강령(綱領)이라는 추상적인 의미로도 확장되었습니다. 이뿐만 아니라 근래는 다른 소프트웨어를 가동하기 위한 기반 소프트웨어, 더 나아가서는 하나의 비즈니스를 가능케 하는 기반 사업의 의미로도 쓰이고 있습니다.

예컨대 크로스 플랫폼이라는 말은 다양한 플랫폼에서 구동이 가능하다는 뜻인데, 이 경우 플랫폼이라고 하면 윈도 같은 운영체제나 크롬 같은 웹브라우저를 칭하는 것이지요. 하지만 플랫폼 기업이라고 하면 미국의 'GAFAM'＊이나 중국의 'BAT'＊＊처럼 다른 사업이

＊ Google(Alphabet), Apple, Facebook(Meta), Amazon, Microsoft
＊＊ Baidu, Alibaba, Tencent

영위할 수 있는 기반 사업을 제공하는 곳들을 말합니다.

플랫폼이 그저 평평한 벌판이 아닌 평평한 기반으로서의 역할을 하려면 일단 인구 유입이 있어야 합니다. 승강장도 연단도 모두 사람이 있어야 의미를 지니는 것처럼 말이지요. 플랫폼은 하나의 분야(分野)에 있어서, 즉 목적에 따라 '나누어진 벌판'에 지어진 포장된 구축물인 셈입니다.

여기에 사람들이 오게 하고, 그 위에서 아마존처럼 장을 펼치기도 하고, 아니면 넷플릭스처럼 무대를 꾸며주기도 합니다. 닌텐도처럼 게임장을 마련해주기도 하지요. 해당 분야의 이용자가 방문할 만한 매력을 지니고, 또 해당 분야의 업자들이 모일 동기를 부여하며 이 안에서 하나의 시장, 나아가 하나의 생태계가 완성될 수 있도록 유지·관리합니다.

'기반'이라는 말 자체가 정의하기 나름이기에 다양하게 풀이될 수 있으나 한 가지 공통점이 있습니다. 바로 하나의 플랫폼에 서로 다른 입장과 사연과 욕구를 지닌 이들이 참여한다는 점입니다.

플랫폼은 어떻게 돈을 버는가?

플랫폼과 아울러 '양면 시장(Two-sided Market)'이라는 말이 쓰이곤 합니다. 서로 다른 고객을 상대하는 2가지의 시장이라는 점에서 양면(兩面)입니다.

양면 시장은 플랫폼 이전에도 있었습니다. 카드사는 소비자와 가

맹점, 두 면에서 고객을 모집하지요. 언론도 마찬가지입니다. 독자와 광고주라는 두 면을 신경 씁니다. 플랫폼은 이 양면 시장을 더 자동화하고 확장합니다. 서로 다른 목적을 지닌 두 집단, 심지어 여러 집단을 서로 잇는 매개체가 되고 촉매제가 되어줍니다.

그런데 왜 모두 플랫폼이 되고 싶어 할까요? 수익이 높기 때문에 그렇습니다. 마치 거간꾼처럼, 고객을 서로 이어주고 거래가 성사되면 수수료를 받습니다. 특히 자동화된 기계 시스템이 일단 구동되고 나면 밤이든 낮이든 알아서 수수료가 들어옵니다. 이는 모든 사업이 꿈꾸는 수익 방식일 수밖에 없지요.

양면 시장이 완성되면 양쪽에게 수수료를 받을 수도 있고, 혹은 더 절실한 쪽에게 먼저 수금을 할 수도 있습니다. 어느 한쪽은 '울며 겨자 먹기' 식으로 비싼 수수료를 감당해야 하는 경우도 있습니다. 왜냐하면 또 다른 한쪽이 그곳에 모여 있기에 그 플랫폼에 올라가지 않을 수 없기 때문입니다.

플랫폼이 충분히 커지면 모두 그곳에 몰립니다. 그럴수록 혼자 빠질 수가 없습니다. 따라서 플랫폼은 '쏠림 현상'을 일으키고 싶어 하고, 필연적으로 독과점의 길로 자의든 타의든 걸어 들어갈 수밖에 없습니다.

플랫폼은 재화의 이용자가 모일 수 있도록 다양한 효용을 제공합니다. 매력적인 볼거리가 마르지 않게 한다거나 검색 같은 편리한 기능을 제공하지요. 그렇게 이용자가 충분히 모이면 이들을 탐하는 생산자를 초빙할 수 있습니다. 생산자가 모일 수 있도록 매력적인 효용을 제공할 수도 있습니다. 구글이나 애플처럼 개발자에게 수많은 편익을 제공하는 플랫폼 위에서만 새로운 애플리케이션(앱)이 만들어집니다. 후발주자가 새로운 플랫폼을 만들어도 앱 개수를 따라잡기가 힘들어집니다. 결국 소비자는 기존 플랫폼으로 모이겠지요. 예를 들어 안드로이드와 iOS가 애플리케이션 시장을 과점한 뒤, 다른 기업들도 성공을 목표로 새로운 시도를 했지만 모두 처절하게 실패하고 맙니다.

플랫폼은 서로 다른 목적을 지닌 둘 이상의 고객군에게 그들이 외면하기 힘든 효용을 제공합니다. 그중 한 고객군의 규모가 임계점에 도달하면 다른 고객군들은 자동으로 따라 들어오게 됩니다.

▷ ▷ ▷

플랫폼이 다소 다른 의미로 쓰이는 경우가 있습니다. 바이오 업계나 자동차 업계에서 플랫폼이라고 하면 기반이 되는 의미인 것은 맞지만, 다양한 상품 및 기획을 반복적으로 해볼 수 있는 포괄적인 기반 기술을 뜻합니다.

예를 들어 기술 개발을 통해 정맥주사로만 투여할 수 있었던 약을 피하주사로 변환시킬 수 있다면, 링거처럼 멍하니 앉아서 맞고 있지 않아도 되니 편해집니다. 심지어 셀프로 주사를 놓을 수 있습니다. 수많은 가능성이 펼쳐지겠지요. 이런 기술은 실제로 만들어졌습니다. 이처럼 다양한 재활용을 가능하게 해주는 기반 기술이 플랫폼입니다. 플랫폼을 확보한 회사들은 다른 제약사에 기술을 제공하면서 큰돈을 벌고 있습니다.

양산차 업계도 하나의 공통 기반을 재활용해 다양한 모델을 만들어냅니다. 예를 들어 현대자동차의 차세대 전기차 플랫폼인 E-GMP(Electric-Global Modular Platform)로,

아이오닉에서 제네시스까지 다양한 전기차를 만들었습니다.

디지털 업계에도 플랫폼이 내포되어 있습니다. 공통된 설계, 엔지니어링을 공유함으로써 생산성을 높이는 일을 GAFAM과 같은 플랫폼 기업이 나서서 해주고 있기 때문입니다. 디지털로 상품과 서비스를 만들려고 할 때, GAFAM의 기술과 그들이 제공해주는 플랫폼 없이 하기란 힘듭니다. 이것이 그들이 강한 이유입니다.

알고리즘이란 무엇이고, 그 영향력은 어느 정도인가?

사람이 매번, 그렇기에 때로는 자의적(恣意的)으로 결정하던 어떤 절차를 자동화할 수 있다면 어떤 일이 벌어질까요? 알고리즘은 우리 사회를 움직이는 방식을 짜는 일을 말합니다.

컴퓨터가 다양한 용도로 쓰이고 있지만, 용어 그대로 보면 컴퓨터는 그저 계산기(Computer)일 뿐입니다. 컴퓨터 안의 칩들도 목적은 하나입니다. 바로 수치 계산을 위한 것이지요.

단순한 목적을 지닌 기술과 부품이 오늘날 우리 생활을 지탱할 정도로 다양한 일을 하게 된 비결은 무엇일까요? 그러니까 컴퓨터의 범용(汎用)성을 획득한 데는 어떤 계기가 있었을까요? 바로 알고리즘 덕분입니다.

알고리즘이란 계산 방법을 말합니다. 세상에 존재하는 여러 가지 과제를 계산에 의해 처리하기 위한 방법이라 볼 수도 있고, 그 방법을 더 파고들어서 더 빠르고 편하고 기발한 방법으로 만들어내는 일이기도 합니다. 0과 1을 기록하고 기억해서 계산하는, 결국 주판 같은 전자 기계에 불과한 컴퓨터가 스마트한 세상을 만들 수 있었던 것은 알고리즘을 그 위에서 짤 수 있었기 때문이지요.

세상을 뒤흔드는 디지털 기술들은 사실 알고리즘의 승리에서 기인합니다. 구글이 세상의 온갖 정보를 정리해서 순식간에 찾아주는 것도 그들이 고안해낸 검색순위 알고리즘 덕입니다. 유튜브를 한 번보기 시작하면 빠져들어서 헤어 나오지 못하게 만드는 것도 그들의 추천 알고리즘 덕입니다. 페이스북의 광고가 집요한 것도 알고리즘 덕이지요.

이처럼 소위 '잘나가는' 서비스는 세상이 맞닥뜨린 과제에 나름의 새로운 절차와 방법을 제공해주고 있습니다. 이는 모두 알고리즘 덕분입니다.

서비스가 아니라 반도체와 같은 부품에도 알고리즘은 가득합니다. 조금 더 효율적으로 저장하는 방법, 읽어내는 방법을 최적화하는 데도 알고리즘이 쓰입니다. 우리들의 컴퓨터 안에서 데이터를 저장하는 부품인 SSD도 그 안에 탑재된 칩이 구현하고 있는 알고리즘에 따라 속도도 내구성도 달라집니다. 마찬가지로 최신 애플 실리콘이 빨라진 이유는 그 알고리즘이 경쟁사보다 더 좋아졌기 때문입니다.

사람들이 알고리즘을 공부하고 고안하는 이유는 무엇일까요? 알고리즘이 미래의 가능성을 여는 첫발이자 미래를 완성하는 강력한 수단이기 때문입니다. 그만큼 알고리즘을 고안하는 소프트웨어 개발자의 몸값은 알고리즘 수요가 올라갈수록 덩달아 올라갈 수밖에 없겠지요.

알고리즘이 정하는 것

알고리즘의 영향력은 상당합니다. 많은 일들이 소프트웨어 위에서 움직일 때 얼마든지 원하는 대로 그 일처리의 '경로를 (임의로) 설정'해버릴 수 있으니까요. 이용자마다 다른 처리 화면을 보여줄 수도 있고, 다른 가격을 제시할 수도 있겠지요. 차별적 대우야말로 때로는 그 서비스의 본질이 되기도 합니다.

다음(Daum)은 대선을 앞둔 2021년 말, 알고리즘 추천 및 랭킹 방식으로 운영하던 뉴스 서비스를 종료한다고 밝혔습니다. 사실상 다음 포털의 첫 화면이 사라지고 이용자가 직접 기사를 선택하는 구독형 서비스로 전환한다는 의미였지요. 알고리즘이 선별한 뉴스에 대해 사회적으로 불신감이 치솟았기 때문입니다.

사용자의 기호에 맞추는 알고리즘이라면 사용자가 원하는 뉴스만 보여주겠지요. 그러면 다른 관점은 흡수하지 않은 채, 결국 자기 세계에만 갇혀서 정치적 고집불통이 될 수 있습니다. 흔히 말하는 필터 버블(Filter Bubble)*이나 에코 체임버(Echo Chamber)**는 심각한 사회문제가 되고 있습니다. 페이스북의 알고리즘이 미국의 정치 지형을 왜곡했다고 질타받고 물의를 일으킨 것처럼, 국내에서도

---

* (알고리즘에 의해) 필터링된 정보가 버블처럼 보호막을 만들어 지적 고립을 만들어내는 현상입니다.
** 반향실(反響室) 효과. 좁은 방에서 메아리가 공명하며 잔향을 만들 듯, 같은 신념으로 닫힌 계가 만들어지면 서로 같은 신념이 교환되며 증폭되어 강화되는 일을 말합니다. 알고리즘에 의한 편 가르기는 현실에서 정말 일어나고 있지요.

특히 정치와 관련된 알고리즘 문제는 불붙은 뇌관 상태입니다.

알고리즘 뉴스를 전폐(全閉)하겠다고 선언한 이유는 "알고리즘이 이런 뉴스를 골라줄 수밖에 없는 것은 당신의 그간 행태, 즉 우리가 수집한 당신의 데이터가 그렇기 때문입니다"라고는 차마 말할 수 없어서 그렇겠지요. 사실 그렇게 말할 수 있으려면 그들이 모은 '나의 데이터'가 타당해야 하고, 데이터에 입각해 만들어진 알고리즘이 뱉어낸 결과가 개연성이 있어야겠지요. 그런데 이는 당사자 및 제삼자의 검증이 있을 때 비로소 인정될 수 있는 주장입니다.

시민사회는 알고리즘을 공개하라고 소리를 높였지만, 어느 기업도 알고리즘을 공개할 수는 없을 겁니다. 알고리즘이란 그 자체가 영업 비밀이기도 하고, 그 자체가 데이터를 입출력으로 받는 함수이기에 데이터의 존재와 함께 봐야 하기 때문이지요.

이미 알고리즘은 공정거래에 대한 문제가 되고 있습니다. 알고리즘은 큰 힘을 지니고 있습니다. 2021년 G7+4개국 정상회의 후속으로, 디지털 문제에 대응하고자 각국의 경쟁 및 공정거래 담당관이 모여 회의를 했습니다. 한국의 공정거래위원장은 "데이터·알고리즘 전문가를 신규 채용해 조직 역량을 강화하는 방안이 필요하다"라고 강조했습니다.

그도 그럴 것이 공정해 보이지 않는 관행이 목격되어도 데이터의 뒤로 숨거나 "그것은 알고리즘에 의한 것"이라고 발뺌하는 일이 점점 더 많아지고 있었기 때문이지요.

"왜 내게는 이런 걸 보여주지요?"

"그건 알고리즘 때문입니다."

데이터와 알고리즘의 뒤로 숨으면 편합니다. 그런데 알고리즘도 결국 사람이 짜는 것입니다. 물론 사람이 직접 짜지 않고 데이터에 의해 빚어지는 알고리즘도 있습니다만, 알고리즘을 승인하고 또 무엇보다 실행명령을 내리는 것은 전적으로 사람이니까요.

모든 것이 소프트웨어에 의해 정의될 때

반도체가 세상을 뒤덮을수록 반도체의 수만큼 소프트웨어도 필요해집니다. 전용 하드웨어를 만들었던 것을 범용 하드웨어에 소프트웨어로 처리하는 추세가 점점 늘어나고 있습니다.

기술 발전과 함께 지속되는 변화가 있습니다. 전용(專用)이 범용(汎用)으로 대체되는 일입니다. 한 가지 일만 하게끔 설계된 기계는 여러 일을 할 수 있는 다른 기계에 자리를 내주고 마는 식입니다.

소비자 입장에서도 하나의 기능만 있는 제품을 여럿 사는 것보다 여러 기능이 있는 제품을 사는 편이 득입니다. 한때는 워드프로세서도 전용기였던 시절이 있었습니다. 타자기는 말할 것도 없고요. 하지만 PC가 이를 대체했고, 이제는 스마트폰이 그 남은 것들을 흡수해버린 뒤 PC의 범용성마저 흡수하려고 합니다. 정작 전화로기로서의 스마트폰 비중은 줄어들고 있습니다.

그런데 '스위스 아미 나이프'가 있더라도 상황에 따라 칼을 골라 쓰듯이, 용도에 알맞은 제품과 서비스가 널리 쓰이고 있습니다. 범용성의 진가는 소비의 면보다는 생산의 면에서 발휘됩니다.

어떠한 전용 제품이라도 범용 기술로 만들 수 있다면, 가치의 조립이 쉬워집니다. 즉 생산성을 높일 수 있습니다. 우리는 이미 있는 부품들을 재조합해 공산품을 만듭니다.

대표적인 예가 테슬라와 같은 신흥 전기차 업체입니다. 전통적으로 자동차는 전용 부품의 집약체였습니다. 그런데 전기차는 범용 부품으로 이를 대체합니다. 배터리도 18650(전지 규격의 숫자는 대개 너비와 높이를 각각 mm와 0.1mm 기준으로 나타냅니다. 코인 건전지의 대표격인 CR2032는 '20mm×3.2mm', 원통형 리튬이온 18650이라고 하면 '18mm×65.0mm'의 크기를 나타내지요. 그런데 1865, 2170처럼 뒷자리 하나를 줄여버려 mm로 통일해서 부르기도 합니다) 리튬이온 원통형 전지*를 7천 개 이상 연결해서 채워 넣습니다.

시장에 넘쳐나는 범용 부품을 모아 뭐든지 뚝딱 만들어내는 일은 21세기 공업의 특기가 되고 있습니다. 그렇게 모인 보통 부품들을 특별한 제품으로 만들어내기 위한 비장의 묘약이 누구에게나 있기 때문입니다. 그것은 바로 소프트웨어입니다. 우리들이 항상 들고 다

---

* 18650은 가정의 면도기나 전동칫솔, 장난감 등에도 널리 쓰이는 흔한 리튬이온 전지입니다. 그런데 앞으로는 2배 더 두꺼운 4680 셀로 이행할 예정입니다. 2170은 테슬라 모델3 및 리비안(Rivian) 및 루시드(Lucid)의 전기자동차가 채택 중인 모델입니다(사진: 테슬라 전지의 주 공급업체인 파나소닉 제공).

니는 스마트폰이 책상 위에서 사용해야 하는 '진짜' 컴퓨터보다 더 좋아지고 있습니다.

스마트폰은 이미 컴퓨터입니다. 테슬라와 같은 자동차도 마찬가지입니다. 마치 윈도가 주기적으로 업데이트하는 것처럼, 자동차도 소프트웨어로 업데이트할 수 있습니다. 소프트웨어가 결정적인 차별화 요소가 되는 것이지요. 이는 기계 설계, 전기 공학, 제어 계측 등 전통적 공학의 영역이 모두 소프트웨어 공학이 되는 현상을 불러옵니다. 이를 SD(Software Defined, 소프트웨어로 정의된) 또는 SDx(Software Defined Everything)라는 트렌드가 보여줍니다.

소프트웨어는 모든 것을 만들어냅니다. 하드웨어도 만들어냅니다. 우리가 클라우드에서 서버를 임대할 때, 우리가 빌린 서버는 사실 하드웨어가 아닙니다. 소프트웨어에 의해 가상(假想)으로 만들어진 허상의 서버인 셈입니다. 서버뿐만 아니라 저장소, 네트워크 등 산업에 필요한 수많은 자원들을 소프트웨어로 정의해서 소비하도록 합니다. 어차피 허상으로 만들어진 것이기에 없애기도 재활용하기도 쉽지요. 범용은 이렇게 소프트웨어에 의해 전용이 됩니다.

삼라만상이 컴퓨터가 될 때

앞으로 우리는 수많은 공산품 속에서 더 많은 컴퓨터를 만날 것입니다. 하지만 대개 그 안에 컴퓨터가 들어 있다는 사실조차 인지하지 못하겠지요. 그만큼 대수롭지 않아서 그렇습니다.

가정에 하나쯤은 있는 평범한 무선 공유기도 어엿한 리눅스 컴퓨터입니다. 심지어 새끼손톱만 한 유심칩도 번듯한 컴퓨터입니다. 세계 인구만큼 생산되고 있는 유심칩은 메모리, 프로세서, 운영체제, 저장공간을 지닌 컴퓨터이지요. 애플리케이션도 구동할 수 있고 서버 기능도 할 수 있으니까요. 그리고 컴퓨터니까 해킹될 수도 있습니다. 심지어 디도스(DDos)**공격에 동원된 적도 있습니다. 다만 그 성능은 30여 년 전 컴퓨터 수준이므로, 크게 의미 있는 일 처리를 맡기고 있지는 않겠지만요.

** 분산 서비스 거부 공격(Distributed Denial of Service attack). 수많은 행위자를 동원해 대량의 접속을 발생해서 특정 시스템을 마비시키려는 공격.

2016년 한국에서 알파고 대국이 열렸습니다. 그 인기에 '인공지능'이 큰 관심을 받았지요. 몇 년이 지난 지금, 세상은 그 당시의 흥분만큼 변해 있나요? SF에 등장하는 컴퓨터처럼 극적인 전개는 없더라도 인공지능이 사실은 컴퓨터에 감각기관을 선물한 사건이라 생각하면, 마음의 준비는 해두어야 합니다.

2

인공지능,
세상의 중심에
우뚝 서다

인공지능이란 무엇인가?

인공지능이란 인간만이 할 수 있다고 여겨졌던 지적 활동을 기계적으로 재현하기 위한 기술을 지칭합니다. 물론 지적 활동이 인간처럼 포괄적이지는 않습니다. 인공지능은 정해진 좁은 목적에 특화된 지능을 구현하기 위해 연구되고 있습니다.

인공지능이란 말은 다분히 SF적입니다. 아니, SF에 워낙 많이 등장했기에 이미 머릿속에 정착된 생각일지도 모르겠습니다. '인공지능'이라는 말을 들으면 영화든 소설이든 떠오르는 장면이 하나쯤은 있으니까요.

지금까지 언어를 이해한다거나 추론한다거나 판단한다거나, 세상만사를 해결하기 위해 우리가 평소에 임하는 많은 작업은 인간 고유의 지적 활동이라고 여겼습니다. 그런데 인간만이 할 수 있었던, 아니 할 수 있었다고 믿어왔던 지적 활동이 알고리즘과 데이터만 준비되면 기계로 만들어낼 수 있다고 믿는 이들이 컴퓨터가 도래한 이후 등장하기 시작했습니다.

인공지능이란 컴퓨터에서 지능을 인공적으로 구현하려는 공학이자 과학의 한 분야입니다. 1956년 인공지능(AI; Artificial Intelligence)이라는 조어가 만들어지면서 본격적으로 연구가 시작되었습니다. 특히 미 국방성 고등연구계획국(DARPA; Defense Advanced Research Projects Agency)*은 20세기 내내 인공지능 분야를 지원했습니다. 인간의 기본적인 사고 과정을 모방할 수 있다면, 기계가 할 수 있는 일이 엄청나게 많아 보였으니까요.

어떠한 지적 활동이 인간 고유의 것일까요? 인식, 추론, 언어, 창작 등 다양합니다. 현실을 흉내 내기 위해 만들어진 기계, 바로 컴퓨터에 의해 이 다양한 분야가 만들어지고 있습니다. 컴퓨터는 현실이라면 뭐든지 흉내 내려 듭니다.

인공지능이 바꿀 세상에 주목하자

현실을 흉내 내는 방법은 여러 가지입니다. 알고리즘을 하나하나 만들어가기도 합니다. '이런 일이 벌어지면 이렇게 하자'라고 하는 자동화(Automation)**도, '이러한 상황에서는 저러할 것'이라는 가정을 내놓는 추론(Inference)도 사람의 행동과 일상을 당장 보완해줄 유용한 도구가 될 수 있습니다. 하지만 모든 경우의 수를 고려해 수

---

* 인터넷, GPS, 드론 등 오늘날 디지털 기술의 배후에서 투자해온 조직. 군사 및 방위에 대한 준비는 다양한 기술 혁신을 낳았습니다. 모더나 코로나19 백신에도 초기에 투자했습니다.
** 기계는 입력을 받아 출력을 만들어냅니다. 수학적으로는 함수에 해당하고, 이를 현실화한 것이라 볼 수도 있습니다.

제(手製) 알고리즘을 만드는 일이 쉬운 일은 아니지요.

그런데 이래서야 너무 복잡하니, 방대한 데이터를 보여주며 기계를 학습***시키기도 합니다. 땅 위에 비가 내리면 물길이 생기고 냇가가 만들어지듯, 빈 판 위에 데이터를 계속 부어주면 '길이 들 것'이라 믿는 식입니다. 이는 단순한 은유가 아니라, 정말 데이터의 양이 늘어날수록 자리를 잡아갑니다.

사람도 경험을 통해 배웁니다. 깨달음에 순응해가면서 우리의 지능에 길을 만들어가지요. 성인이 될 때까지 이어지는 체험, 즉 대량의 데이터를 통해 수많은 패턴을 파악하고 이를 체득해서 평생을 살아갑니다.

현재 인공지능의 조류(潮流)는 기계에 인간의 경험을 주입하며 학습시키는 분야가 차지하고 있습니다. 딥러닝은 그 최신 기법 중 하나입니다.

영화나 소설에서처럼 사람처럼 생긴, 그리고 사람처럼 생각하는, 더 나아가 사람처럼 '고뇌하는' 대상의 존재는 생각하는 일만으로도 흥분되는 일입니다. 하지만 기술, 공학, 산업으로서의 인공지능을 보면, 아직 그 단계는 멀어 보입니다. 각각의 기술들이 만들어내려고 하는 것은 인간이 지닌 무한하고 영속적 기능 중 찰나의 한순간에 벌어지는 단 한 가지만을 재현해내는 일에 급급하니까요.

*** 이 분야를 ML(Machine Learning, 기계학습)이라 부릅니다.

기계학습이란 무엇인가?

익숙해질 때까지 무작정 반복하거나 그냥 통으로 암기하는 학습이 효과적이라고 느꼈던 적이 있나요? 그런 적이 있다면 여러분은 기계가 하는 학습의 본질을 이미 이해하고 계십니다.

인공지능 개발을 위한 노력이 다각도로 이루어지고 있는 가운데, 사람의 경험을 하나하나 풀어서 컴퓨터도 이해할 수 있는 규칙으로 만들어가는 방법이 있습니다. 이를 '규칙 기반(Rule Based)'이라 하고, 이러한 연구의 흐름을 기호주의(Symbolism)라고 합니다. 인간의 지능과 지식을 기호로 차근차근 정리해 나갔으니까요.

필요한 해법을 연역적인 논리로 정리할 수 있다는 믿음은 다분히 수학적입니다. 그런 의미에서 그 자체를 알고리즘이라 부를 수도 있습니다. 컴퓨터 프로그램 대부분이 이러한 방식으로 만들어졌지요. 하지만 기호주의가 태동하던 시기에도 인공지능에 요구되는 것은 말 그대로 인간의 지능이었습니다. 이름이 그렇게 붙은 이상, 어쩔 수 없지요. 기호주의는 나름 고도화하면서 전문가 시스템(Expert

System)이라고 하여, 의료나 법률적 지식을 체계화해서 데이터베이스로 만들고 이를 검색해주는 시스템으로 발전하기도 합니다.

이 정도의 제작물을 인공지능이라고 이야기하던 시기도 있었습니다만, 지능이라고 부르기에는 아쉬웠습니다. 구현과 활용에도 한계가 있었습니다. 지능을 기계에 복제하려는 야심은 곧 엄청난 수작업에 지치기 마련이고, 노동집약적으로 만들어진 시스템은 신선도가 떨어질 수밖에 없었습니다. 게다가 룰(Rule), 즉 규칙을 만드는 것도 사람입니다. 우연히 그 일을 맡은 담당자의 실수나 취향, 아집이 섞일 수도 있습니다.

사람들은 인공지능이라 불리기에 손색없을 정도의 지식의 축적과 주입을 사람이 일일이 하고 있기는 힘들다는 것을 깨달았습니다. 그래서 다른 방법을 찾습니다. 바로 확률과 통계를 활용하는 것이었습니다. x값에 대한 정확한 y값을 계산해내는 수식을 기호로 풀어내는 대신, 그래프상에 x값과 y값의 수많은 쌍을 찍어놓는 것이지요. 그렇다면 다음에 어떤 x값이 오더라도 대강 y값이 어디쯤에 찍힐지 감을 잡을 수 있습니다.

기계학습, 중요한 트렌드가 되다

온라인 쇼핑몰을 보면 추천 기능이 있습니다. 선택한 품목 외에 다른 품목도 더 구매하라는 뜻이지요. 살 물건이 없어서 돌아가려는 사람의 발목을 잡는 회심의 추천 항목이 있기도 합니다. 이 기능은 생각보다 효과적입니다. 그래서 요즈음에는 언론 사이트 등에서도 적극적으로 활용하고 있지요. 이는 인공지능의 대표 사례입니다(네, 이 정도의 '기능'도 훌륭하고 떳떳하게 'AI'라고 부르고 있습니다. 이처럼 굉장히 좁은 기능의 구현을 태연히 나타낸다는 걸 보면, 인공지능은 대단하게 추켜세울 대상이 아닐 수도 있습니다).

담당자가 수백만 사용자를 대상으로 추천 기능을 하나하나 만들고 있기에는 힘들 것입니다. 우유를 구매하는 사람들이 콘플레이크를 살 것이라는 확률은 경험과 감으로 입력할 수도 있겠지만, 데이터는 다른 말을 할 수 있습니다. 만약 온라인 쇼핑몰 사이트를 제빵업자가 많이 이용하고 있다면, 우유와 함께 달걀을 더 많이 살수도 있으니까요. 이러한 '관계성'은 담당자가 아닌 데이터가 더 잘 알 수 있겠지요.

'데이터를 그냥 그대로 던져주고, 기계 스스로 학습하게 하자'라는 식의 아이디어가 바로 기계학습입니다.* 사람이 감이나 경험으로 규칙을 만드는 것이 아니라, 기계가 데이터로 규칙을 만드는 것이지요. 그럼 사람의 손이 엄청나게 줄 것입니다.

예전의 번역 프로그램은 사전과 문법을 모두 분석해서 설계해야 했습니다. 그런데 근래의 번역 서비스들은 대부분 기계학습으로 만들어져 있습니다. 예컨대 그간 출간된 영한 대역 출판물 데이터에는

---

* 실은 날것 그대로 던져줄 수는 없고 기계가 소화할 수 있도록 형식을 맞춰줘야 합니다. 이를 전처리(Pre-Process)라고 하는데, 손이 많이 가는 작업입니다.

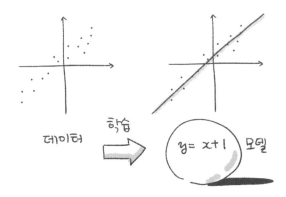

기계학습이란 데이터 속에 들어 있는 패턴을 찾아내 이를 재활용 가능한 통찰로 바꾸는 일입니다. 이는 미래의 의사결정이나 예측에 도움이 될 추론을 가능하게 합니다.

번역가들이 심혈을 기울여 번역해둔 영어와 한국어의 관계가 쌍으로 들어 있겠지요. 이 데이터에 길들게 할 수 있다면 대략 '어떤 문장은 어떤 식으로 번역된다'는 것을 논리적으로 이해시키거나 설명해주지 않아도 확률 통계적으로 답을 끌어내줍니다.

'모르면 외워라'라는 말이 있듯이, 굳이 이해하지 않더라도 데이터에 익숙해져서 자연스럽게 답이 나오게 하는 것이 기계의 학습입니다(이를 학습이라 불러도 좋을지 모르겠으나, 실은 인간의 학습도 이와 비슷할지 모르겠습니다).

기계는 데이터만 주어지면 학습도 게을리하지 않습니다. 물론 기계는 단어 하나, 문장 하나 이해하지 못하고, x값에 해당하는 y값을 학습한 그래프에서 '추론'해 뱉어주는 것뿐이지만 꽤 실용적입니다. 다만 사람이 개입하지 않으니 엉뚱한 추론을 만들어내기도 합니다.

구글 번역에서 '사흘'이 'four days'로 번역되곤 했으니까요. 구글은 도대체 어떤 데이터로 학습했었던 것일까요.

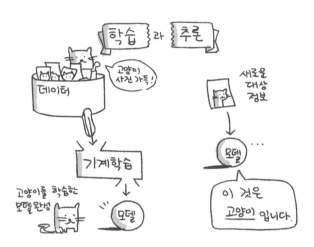

데이터를 학습해서 모델을 만들고, 그 모델에 입각해 미지의 대상이 '무엇'이라고 추론합니다. 감이나 경험으로 사람이 직접 규칙을 만드는 대신, 데이터를 모으고 이를 토대로 기계가 규칙을 만드는 편이 효과적일 수 있습니다. 그래서 기계학습은 최근의 트렌드가 되었습니다.

딥러닝, 이보다 더 쉽게 설명할 수 없다

생체의 신경세포는 깊게 이어지는 네트워크를 만들고 있습니다. 사람들은 단순한 세포가 층층이 깊은 구조로 쌓였을 때 벌어지는 일을 실리콘 위에서 재현해보고 싶었습니다.

기계학습이란 기계의 힘으로 데이터에서 규칙성(패턴)을 찾아내고, 이 패턴을 규칙으로 만드는 일입니다. 우리가 코딩을 한다거나 알고리즘을 짠다고 말할 때는 보통 이 규칙을 '우리의 지적 활동'에 의해 만들어내는 것이라고 생각합니다만, '우리 스스로의 지적 활동'을 데이터와 기계의 '그것'으로 대체하는 것이지요.

그런데 이러한 일은 IT가 아니더라도 이미 사회 곳곳에서 종종 이야기되는 일입니다. 회귀분석(Regression)은 x값으로 y값을 예측하는 모형을 만드는 일을 의미하니까요. 섭취 칼로리와 체중의 관계에 대한 모형을 만들 수 있는 셈이지요.

복잡하게 분포된 데이터에서 이를 이해하기 위한 주된 성분, 즉 데이터의 축을 알아내는 일인 주성분분석(PCA: Principal Component

Analysis)도 데이터로부터 세상을 이해하기 위한 모형, 즉 모델을 만들기 위한 노력의 일환인 셈입니다. 우리가 고등학교에서 확률·통계를 배우는 이유가 여기에 있었지요.

그런데 세상에는 깔끔하게 수치화된 정형적 데이터가 아니라, 데이터의 성격 자체가 애초에 복잡하고 비정형적인 경우가 많습니다. 우리가 시각적으로 획득하는 많은 감각 정보, 또 언어의 형태로 이해하는 서사적 정보 등은 전통적인 확률·통계에 대입하기가 쉽지 않습니다(하지만 불가능한 것은 아닙니다. 디지털이란 모든 것을 0과 1, 그러니까 수치로 변환하는 일이니까요).

신경망에 의한 기계학습

기계를 설계할 때 사람들은 생명에서 힌트를 얻고는 합니다. 뇌의 신경세포도 영감을 준 적이 있습니다. 바로 신경망, 즉 뉴럴 네트워크(Neural Network)가 그렇게 등장했습니다. 우리의 뉴런은 자극을 받으면 신호를 다음으로 전달합니다. 그런데 신호가 어느 정도의 역치(閾値)*를 넘어야 정보로 활성화됩니다. 이 특성을 적절히 조합하면 회로를 만들 수 있겠다고 생각하게 된 것이지요.

컴퓨터 화면을 돋보기로 가까이서 보면 그림은 모두 점, 그러니까 픽셀(Pixel)로 이루어져 있음을 알 수 있습니다. 예컨대 가로세로

---

* 생체가 자극에 대한 반응을 일으키는 데 필요한 최소한의 자극 세기.

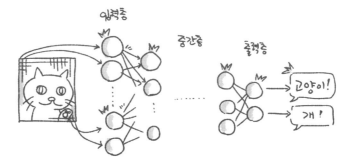

수많은 데이터로 이 신경세포(노드)를 길들인다.

딥러닝은 깊게 이어지는 신경세포를 공학적으로 흉내 냅니다.

8픽셀의 그림이 있다고 합시다. 그러면 총 64개의 정보를 지닙니다. 가로세로 8픽셀 정도면 숫자를 쓰기에는 충분하지요. 기계에는 낯선 숫자라는 그림도 이제 64개의 픽셀이라는 모습으로 입력될 수 있습니다. 이제 기계는 마치 64개의 시신경 세포처럼 정보를 받아들입니다. 64개의 입력층을 만드는 셈이지요.

이제 숫자를 인식하는 딥러닝을 만들어봅시다. 기계에 손글씨처럼 다양한 형태의 0~9 사이의 64칸짜리 픽셀 그림을 대량으로 보여줍니다. 그 글씨들은 모두 64개의 시신경에 대응하고 있는 64칸으로 이뤄진 픽셀이겠지요. 이제 64개의 입력층은 그림이 지닌 0~9 사이의 값에 대해 각각 자신의 위치가 어떤 점을 찍고 있는지 외워가게 됩니다. 세포가 길들여지는 셈이지요. 이는 각각 세포의 역치가 정해진다는 뜻입니다. 이를 전문적으로 '가중치(Weight)'라고 하고,

신경망을 기계학습한다는 건 이 가중치를 데이터로 결정하는 일입니다.

그러나 단층 구조로는 숫자 모양 0~9 정도의 특징을 찾아내기에도 벅찹니다. 그런데 층을 다단계로 쌓아 올려보니, 첫 번째 층에서는 선을 구분하지만 다음 층에서는 면을 구분하고, 그다음 층에서는 구체적인 특징을 구분하는 식으로 알아서 조직 내의 역할을 찾아갑니다. 이처럼 다단계로 신경망을 구성했을 때 자동적으로 깨달음이 오리라는 것이 바로 심층학습, 즉 딥러닝입니다. '딥하게 깊은' 각 층을 정보가 통과하면서 특징이 자동으로 추출되어 '학습된다'는 가설이 딥러닝의 핵심입니다.

데이터의 특징을 단계적으로 파악해서 종합구분하는 딥러닝의 능력은 그림, 음성, 문장 등 다양한 활용 분야에서 두각을 나타냅니다. 알파고도 딥러닝이 활용된 사례입니다. 가로세로 19칸의 바둑판도 앞에서 다룬 가로세로 8칸의 숫자 그림처럼 인식시켰겠지요. 그리고 지금의 판세가 어떻게 되는지 결과값을 뱉어냈을 터입니다(물론 그 답이 0~9처럼 단순한 건 아니었겠지요). 그렇기에 숫자 인식을 위한 단층 시스템보다는 훨씬 더 깊게 구성되어 있었던 것입니다.**

** 이세돌과의 대국 당시 알파고는 여러 시스템으로 구성되었는데, 판세를 인식하기 위한 딥러닝 모듈은 13층의 신경망으로 구성되었다고 알려졌습니다.

▷ ▷ ▷

딥러닝은 입력값이라는 자극에 대해 출력값이라는 반응을 뱉어내는 신경세포를 흉내 냅니다. 뇌처럼 다단계의 신경세포를 쌓아 올려서 복잡한 인식도 가능하게 한 기술 혁신이었습니다.

딥러닝이 그렇게 대단하다면, 이제 기계도 지능을 지닌 걸까?

딥러닝은 컴퓨터에 지능이 탄생한 사건이라기보다도 감각기관이 만들어진 일에 가깝습니다. 다만 이제 보고 들을 줄 알게 된 컴퓨터가 할 수 있는 일은 무궁무진하겠지요.

　딥러닝은 입력층과 출력층 사이에 다단계의 '깊은(Deep)' 신경망을 지니고 있습니다. 다층 구조의 신경망은 입력값의 특징을 단계적으로 파악해갑니다. 길이 드는 셈이지요. 이 구조와 학습 방식은 뇌 신경 세포에서 영감을 받은 특유의 방식으로 시청각과 같은 감각기관의 기능을 탁월하게 흉내 냅니다.

　기계에 의한 시각 인식의 경우는 이미 정확도가 인간을 뛰어넘은 지 오래입니다. 그렇지만 기계를 사용하기 위한 입력값으로는 여전히 잘 정리된 사진의 데이터가 있어야 합니다. 딥러닝이라고 해도 입력값을 받아 출력값을 내놓는 수학의 함수와 본질적으로는 다르지 않다는 말이 됩니다.

　숫자를 입력받으면 제곱해 출력해주는 함수를 짜는 일은 어렵지 않습니다. 하지만 사진을 입력받으면 어떨까요? 이를 문장으로 설명해주는 함수를 짜보라고 하면 천재 프로그래머라 해도 쉽지 않겠지요. 딥러닝은 사람이 만들려고 하면 설명하기 힘들어서 당황스러운 요구 사항을 기계 스스로 데이터를 가지고 만들 수 있게 합니다.

소프트웨어는 수많은 함수의 조합으로 이뤄집니다. 딥러닝 인공지능은 각각 특화된 기능을 지닌 함수를 만들 수 있게 해줍니다. 그리고 결과물은 다양한 소프트웨어에서 활용되고 있습니다. 우리가 쓰고 있는 유명 소프트웨어에 이와 같은 인공지능은 이미 녹아들어 있다고 봐도 무방할 정도입니다.

최근 전기차의 발전과 더불어 자율주행에 대한 관심이 높아졌습니다. 자율주행의 최전선에서 딥러닝은 어디서나 빠짐없이 활용되고 있습니다. 차량의 카메라(또는 라이다(LIDAR; Light Detection and Ranging)* 센서)에서 입력된 시각 정보를 인식하는 일은 딥러닝 없이는 불가능합니다. 초당 수십 장이 쏟아져 들어오는 동안 딥러닝 함수는 현재 화상 정보 안에 도로가 어떻게 자리 잡고 있는지, 보행자는 없는지, 다른 차량은 어디에서 움직이고 있는지, 신호등이나 전신주는 어떻게 구성되어 있는지 등을 순간적으로 인식합니다. (종래의 기계학습을 포함한) 과거의 다른 소프트웨어 개발 방식으로는 불가능한 수준의 성능을 선보입니다.

---

* 레이저 광으로 측량할 수 있는 기술, 그리고 이를 활용한 센서를 말합니다. 차량 위에서 빙글빙글 돌면서 360도를 멀리까지 관측하는 거대 장비도 있지만, 가까이를 측량하는 라이다는 아이폰이나 아이패드의 프로 모델에도 탑재될 정도로 대중화되기도 했습니다.

얼마나 오랫동안 다양한 도로 환경의 데이터로 학습을 했는지는 딥러닝 함수의 품질에 영향을 줄 수밖에 없고, 많은 기업이 실제 도로에서 현장 실습을 하려는 이유입니다(가끔 슬프게도 인사 사고가 난 적도 있었지요).

딥러닝은 감각기관의 탄생

그런 의미에서 딥러닝은 지능의 탄생이라기보다는 감각기관의 탄생이라고 보는 편이 적합합니다. 컴퓨터에 드디어 눈과 귀가 생긴 셈이지요.

길고 긴 지구의 역사에서 눈을 지닌 생명체가 등장했을 때의 충격은 엄청났을 것이라 생각합니다. 압도적 우위를 획득하게 된 생명체의 등장은 전체 생태계에 엄청난 진화압을 가했겠지요. 캄브리아기 대폭발은 생명의 다양성이 갑자기 증폭된 약 5억 4천만 년 전 일입니다. 당시의 화석에서 감각기관의 분화가 처음 목격된 이유는 아마 그 때문일 것입니다. 지금 우리는 컴퓨터에 감각기관이 등장하는 풍경을 목격하고 있습니다.

그렇기에 딥러닝은 산업 및 생활에서 검지(檢知), 검출(檢出), 인식(認識)이라는 단어가 어울리는 분야에서 대활약하고 있습니다. 자율주행처럼 경계를 게을리할 수 없는 보안이나 방위 분야에서도 유망주가 되었고, 환자의 병소(病巢)를 놓치고 싶지 않은 의료 연구 분야에서도 각광을 받고 있습니다. 근래 대중화된 인공지능 녹취 앱도 딥러닝으로 만들어져 있습니다. 음성의 어떠한 파형이 어떤 음소나 글자로 표현되는지를 묵묵히 학습한 딥러닝 모듈(함수)이 입력값을 받아 출력값을 뱉어주고 있습니다.

한 번 잘 학습된 딥러닝의 함수들은 잘 짠 함수처럼 그 용도가 다양합니다. 다만 함수를 짜는 주체가 프로그래머가 아니라 데이터와 알고리즘이라는 점이 다를 뿐이지요.

▷ ▷ ▷

딥러닝은 오히려 컴퓨터가 감각기관을 획득하는 것입니다. 즉 인공적으로 먼저 만든 것은 지능이라기보다는 감각이었습니다.

AI 걸그룹이 신곡을
발표하는 시대

우리는 기억을 토대로 창작을 합니다. 기계도 마찬가지입니다. 반도체 위에 깊이
드리운 딥러닝 모델에 상이 맺혔다면, 이를 이용할 때입니다.

딥러닝 기계학습 인공지능은 인식에 탁월한 성과를 보여줍니다.
그런데 실은 합성에도 유용합니다. 특징을 알아서 추출하는 딥러닝
의 묘기 덕분이지요. 각각 학습된 딥러닝 모델 안에는 추출된 특징
들이 일종의 상(像)으로 맺혀 있습니다.

만약 인물 A의 사진들(동영상이면 더 좋겠지요, 동영상은 수많은 사
진을 이어서 구성되니까요)을 학습시키면, 모델 안에 A의 상이 맺힙니
다. 이제 인물 B의 사진들도 마찬가지로 학습시킨 후 추출된 A, B의
특징을 서로 정확히 교체해버리면, 동영상 속의 얼굴까지도 바꿀 수
있습니다.

이 기술이 최근 사회문제로 대두되는 딥페이크(Deepfake)입니다.
유명인의 얼굴을 다른 사람의 얼굴로 교체해서 찍지도 않은 영상을

찍은 것처럼 할 수도 있으니 무서운 일입니다. 음성 합성은 더 쉽습니다. 육성의 특징을 추출해서 재배열하고 이를 문자열과 대비한다면, 타이핑한 문장을 유명인이 읽게 할 수도 있습니다. 유명인이 등장하는 포르노를 만들 수도 있고, 전혀 하지 않은 발언까지 시킬 수 있습니다. 각종 범죄에 활용될 수도 있고요. 무서운 일입니다.

이제 우리는 어느 무엇도 믿을 수 없는 시대를 살고 있는 셈이지요. 마치 할리우드 영화 속 장면의 대부분이 CG인 것처럼 말이지요. 영화 속 CG의 역사는 오래되었습니다. 예전에는 장인이 특징을 찾아내서 한 땀 한 땀 그려 넣었던 작품 형태였습니다. 그런데 지금은 어떻습니까? 이제는 그 수공예를 기계가 자동으로 한다는 점이 두렵습니다.

이미 우리는 사진을 곧이곧대로 믿지 않습니다. 놀라운 사진을 보면 '이거 뽀샵(포토샵)이네'라고 생각하지요. 사진 합성이나 조작을 누구나 할 수 있다는 것을 알기 때문입니다. 그런데 이제는 '동영상의 신빙성'조차 의심하는 시대가 시작되었습니다. 바로 딥러닝 때문이지요.

창작하는 인공지능

인간이 영위하는 창작이라는 것도 이미 있는 것들을 적절히 조합하는 것이 태반입니다. 세상에 순도 100%의 오리지널리티란 있을 수 없으니까요. 기존 대상을 적절하게 합성해 허구의 요소를 만들어내는 일을 인공지능이 잘할 수 있다면 창작까지도 가능해집니다.

AI 걸그룹이 등장했다는 뉴스를 본 적이 있을 겁니다. 음성도 동영상도 기계로 합성될 수 있는 시대다운 전개입니다. 하지만 AI 걸그룹은 본질적으로는 CG로 도배된 영화와 크게 다르지 않습니다. 다만 거대 자본과 긴 시간을 들여서 한 편을 겨우 만들어냈던 영화와는 달리, AI 걸그룹은 수많은 스케줄을 동시다발적으로 소화하고 팬들과 일대일로 만날 수 있습니다.

허구의 걸그룹은 실시간으로 우리 눈앞에서 생성될 수 있습니다. 앞으로의 차별점은 인공지능의 생산성에 있습니다.

언제 어디서나, 동시에 촘촘하게 실시간으로 존재할 수 있는 아이돌이라면, 지금까지는 존재할 수 없었던 관계 비즈니스가 생길 수 있겠지요. 아티스트의 스케줄은 유한합니다. 그런데 아티스트의 매력을 파일로 만들어둔다면 얼마든지 일을 시킬 수 있겠지요. 스캔들이나 실수 때문에 물의를 일으킬 리스크도 없으니 좋고요.

이미 AI 가상 모델은 CF에서 다양하게 활용되고 있습니다. 고유의 이름이 있고, 인스타그램에서 활동까지 합니다. 다만 아직 어떠한 인공지능 창작도 완전히 기계에만 맡기지는 못합니다. 여전히 사람들이 후가공이나 후처리를 해줘야 하니까요. 그럼에도 불구하고 인공지능이 우리의 일자리를 뺏을 가능성은 다분합니다. 이 글을 쓰는 지금, 여수MBC에는 '가상인간 공급 계약이 체결'되어 일기 예보를 하는 기상캐스터가 나온다고 합니다.

딥러닝의 자동 인식 능력이 추출한 특징은 새로운 콘텐츠의 창작에도 활용될 수 있습니다. 딥페이크도 AI 걸그룹도 근본은 비슷한 기술입니다.

인공지능이 인류를 지배할까?

💬

현재의 인공지능은 함수입니다. 함수는 입출력의 범위와 한계가 사전에 정해집니다. 그런데 인류가 필요 없다는 출력을 할 수는 없겠지요.

인공지능의 기술 발전은 그야말로 일취월장하고 있습니다. 특히 바둑기사 이세돌을 격파한 알파고 쇼크 이래, 딥러닝을 기반으로 하는 기계학습 인공지능에 대한 기대는 점점 부풀어 올랐습니다. 그도 그럴 것이 가장 인간적이고 깊은 사유를 필요로 하는 '바둑' 대결에서 인간이 졌으니까요.

이미 인공지능은 감각 인식과 관련된 영역에서는 인간을 훌쩍 뛰어넘었습니다. 사진을 보여주고 그 사진이 무엇에 대한 사진인지 맞히는 대회가 시각인식 기술 영역에서는 주요한 이벤트였습니다. 딥러닝의 등장으로 극단적인 상향 평준화가 일어났는데, 지금은 사람보다 더 사진을 잘 알아볼 지경이 되었습니다.

이러한 추세라면 앞으로 무슨 일이 벌어져도 놀랍지 않을 것 같습니다. 그래서 SF적 상상력이 점점 더 자극됩니다. 호사가뿐만 아니라 스티븐 호킹이나 일론 머스크 등 기술 과학계의 유명인들은 인공지능의 중흥을 경고했습니다.

그런 경계심을 가장 잘 나타내고 있는 단어가 있습니다. 바로 기술적 특이점(Technological Singularity), 줄여서 '특이점'이라고 부르는 지점에 대한 두려움이 있습니다. 인공지능의 지능이 인간보다 뛰어나서 걷잡을 수 없을 만큼 역전하는 현상이 일어나는 지점이지요. 인공지능이 스스로를 개선할 수 있게 된다면, 진화의 느릿느릿한 주사위에 운명을 맡겨온 인간의 지능은 따라잡을 수 없겠지요. 그리고 만약 그러한 인공지능이, 보통 초지능(Super Intelligence)이라고 부릅니다만, 공공선의 입장에서 인류의 필요성을 의심하기 시작한다면 인류는 스스로 뿌린 혁신에 의해 멸망할지도 모르지요.

적어도 우리 생에 걱정은 불필요하다

그렇다고 걱정할 필요는 없습니다. 초지능이 등장할 기미는 전혀 보이지 않으니까요. 현재의 인공지능은 여전히 함수일 뿐입니다. 굉장히 정제된 데이터로 특정한 목적을 위해 기계학습되어 제작된 특수 함수들입니다. 물론 다양한 입력값을 처리할 수 있도록 변종을 만들어낼 수도 있고, 더 보편적인 함수를 만들어낼 수도 있겠지요. 마치 알파고가 바둑뿐만 아니라 전자오락 및 심지어 단백질 접힘 구조를 예측하는 시스템으로 진화하고 있는 것처럼요. 이는 사람이 의

사결정을 해서 점진적으로 개선하고 새로운 데이터를 주입한 인간의 위업입니다. 생명이 진화해온 것처럼 스스로의 생존을 위해 스스로를 실험하는 일은 벌어지지 않습니다. 입출력이 명확한 함수 기계이기 때문이지요.

함수로서의 기계는 특정한 기능에서는 인간보다 월등히 뛰어난 효율로 일 처리를 합니다. 지금 당장 마트에서 살 수 있는 일반적인 컴퓨터도 1초에 1억 번의 계산을 거뜬히 해냅니다. 인간이 견줄 만한 수준이 아니지요.

그렇지만 컴퓨터는 인간의 뇌가 할 수 있는 일을 여전히 못합니다. 애초에 반도체와 신경세포의 발상 자체가 다르기 때문입니다. 현재의 딥러닝은 뇌에서 힌트를 얻었지만, 뇌의 구조를 흉내 내지는 못합니다. 뇌는 우리의 생각보다 훨씬 더 복잡하기 때문이지요.

여러분이 지금 이 글을 읽고, 지금 생각하고 있는 그 마음. 가끔은 다른 생각을 하고, 걱정을 하고, 또 그렇게 삶을 영위하고 미래를 만들어가는 인류의 가장 본질적인 기능이지요. 하지만 이 마음은 단 한 번도 만들어진 적도, 어떻게 만들면 될지 알아낸 적도 없습니다. 왜냐하면 우리의 마음이 '무엇인지'가 과학적으로 설명되지 않았기 때문입니다. 알지 못하는 것을 공학적으로 만들 수는 없습니다. '뉴런이 어떻게 기억을 저장하더라, 뇌의 어느 부위가 어떤 기능을 하더라' 정도의 설계도로는 뇌를 만들 수 없습니다.

뉴런을 인간의 뇌와 같은 밀도로 완전히 흉내 낼 수 있다면 가능할까요? 가능할지도 모르겠지요. 그래서 요즈음 뇌를 본격적으로 반도체 수준에서 흉내 내려는 시도가 생겨나고 있습니다. 이를 뉴로모픽(Neuromorphic) 컴퓨터라고 합니다. 그런데 이 또한 먼 길입니다. 하드웨어는 흉내 내더라도 그 위의 소프트웨어는 또 다른 이야기니까요. 따라서 세상을 뒤흔들 엄청난 발견과 발명이 있기 전에, 인공지능이 인류를 밀어내리란 걱정은 전혀 할 필요가 없습니다.

▷ ▷ ▷

아직 인공지능은 특정 목적에 특화된 함수, 또는 전용 기계입니다.

그렇다면 인공지능을 걱정하지 않아도 되는 걸까?

특이점은 오지 않아도 인공지능은 충분히 위험합니다. 기술과 도구가 지닌 가공할 능력이 양극화를 초래하고 있습니다. 이를 해소하기 위한 지혜를 짜내다 지친 전 세계는 규제에 대해서도 동시에 고민하기 시작하고 있습니다.

인공지능을 걱정하지 않아도 된다고 자신 있게 이야기했습니다만, 2가지 생각해볼 점이 있습니다. 하나는 기술 혁신은 언제나 생각하지 못한 규모와 방향으로 진행된다는 점입니다.

딥러닝도 이미 기계학습의 온갖 사조(思潮)들이 한계에 부딪히고 모두 '안 될 거야'라고 생각하던 '인공지능의 겨울'을 깨고 등장했습니다. 동이 트기 전에는 어둠뿐입니다. 지금 어떤 연구소에서는 우리가 상상조차 못한 발견을 해버렸을지도 모릅니다. 우리 시야에 발견이 아직 보이지는 않지만, 내일 갑자기 깨달을지도 모를 일입니다. 이처럼 기술의 발전은 새벽처럼 찾아옵니다. 지금 안 된다고 말해도, 내일도 안 될 것이라고 단언할 수는 없습니다.

또 하나는 특이점이 오지 않아도, 인공지능이 스스로 생각하지 않아도, 그래서 인류를 위험인자로 특정하지 않더라도 인류는 인공지능 때문에 충분히 위험에 빠질 수 있습니다. 이는 도구로서의 과학 기술이 지닌 본질적 리스크 때문입니다.

20세기의 총아로 여겨졌던 원자력이란 기술을 생각해봅시다. 원자력이 인류에게 얼마나 많은 아픔을 주었는지 생각해보면 가슴 아픕니다만, 원자력 기술이 없었던 시절로 되돌릴 수는 없는 노릇입니다. 지구 온난화 같은 복병이 나타난 현재, 인류는 손에 쥐어진 도구를 어떻게 현명하게 다룰지 초심을 떠올리며 지혜를 쌓아가고 있습니다. 요리할 때 칼은 빼놓을 수 없는 도구이지만 흉기가 될 수도 있습니다. 그렇듯이 모든 기술에는 양면성이 있습니다. 인공지능도 마찬가지입니다.

인공지능에 도사린 위험

인공지능이 아직은, 그리고 상당히 오랜 기간 인간이 부릴 수 있는 도구로 머물더라도, 오히려 인간의 수중에 놓인 도구이기 때문에 위험한 일이 발생합니다. 이 도구를 쥔 인간을 믿을 수 없으니 말입니다.

뭐든지 척척 분류하고 일을 처리하는 자동화, 성공적인 자동화는 또 다른 자동화로 이어지면서 점점 더 많은 일 처리가 자동화되어 갑니다. 그 과정에서 수많은 노동력이 갈 곳을 잃을 수 있습니다. 그리고 지금 이 순간에도 노동력 상실은 실시간으로 벌어지는 일입니다.

그리고 잔혹한 변화를 위한 학습 모델은 바로 우리가 했던 일, 심지어 우리 스스로의 데이터를 그대로 받아 먹고 있습니다. 데이터라는 인공지능의 연료를 수집하기 위해 빅데이터가 수집되고 있습니다. 그 안에 우리 일상이 끼어들고 있습니다. 게다가 제대로 정제되지 않을 수도 있습니다. 챗봇 인공지능이 과거에 했던 나의 은밀한 대화를 아무 생각 없이 뱉어낼지도 모릅니다.*

딥페이크와 같이 현실을 재창조해내는 역량 때문에 아무것도 믿지 않는 신빙성 부재의 세계를 만들어낼 수도 있습니다. 어차피 어떤 것도 믿기 힘들다고 모두 생각해버린 지금, 아무 말이나 대강 해도 결국 비슷하게 믿어버리게 하는 탈진실(Post-Truth)**의 시대가 기술의 대중화와 함께 찾아왔습니다. 그러지 않아도 사람은 자신이 믿고 싶은 것만 믿으려는 편향이 있는데, 기술이 이를 극대화합니다.

인공지능이 추천하는 콘텐츠는 이미 우리들의 편견을 강화하고 있습니다. 내 취향을 학습한 기계는 취향을 강화하는 답을 내놓을 테니까요. 그렇게 사회는 양극화되고, 이는 세계 각국에서 괴로운 공통 과제로 떠오르고 있습니다. 더 결정적인 문제는 양극화가 기술을 부리는 쪽과 기술에 당하는 쪽으로 갈리면서 강화되기 시작한다

---

* 이러한 일은 실제로 벌어졌습니다. 2020년의 국산 대화형 인공지능 '이루다' 사건입니다. 학습 데이터를 위해 카카오톡 대화를 무단 수집했고, 결국 서비스 폐쇄와 1억 원의 과징금으로 이어졌습니다.
** 사람들은 객관적 사실보다 감정을 중시하기에 믿고 싶은 것만 결국 믿습니다. 가짜뉴스를 위해 어설프게 재구축된 정보도 기분이 좋아진다면 믿고 맙니다. 기계는 이를 대량 생산해낼 수 있습니다.

는 점입니다. 플랫폼을 만드는 이들의 수익과 자본은 점점 거대해지고, 그 플랫폼 위에서 새로운 삶을 영위해야 하는 이들은 플랫폼의 부속처럼 이용되고 있습니다. 이 과정에서 수집된 데이터는 '어떻게 하면 플랫폼 위의 말들을 더 효율적으로 움직일 수 있을지' 실시간으로 계산하고 있습니다.

▷ ▷ ▷

SF에서처럼 우리를 지배하지 않을지는 모르지만, 다른 의미에서 지배는 이미 시작되었을지도 모릅니다.

강렬한 테마를 형성하는 키워드들이 등장할 때가 있습니다. 바로 메타버스와 NFT처럼 말이지요. 웹을 이미 지배한, 앱을 지배하고 있는 이들의 권세가 너무도 강합니다. 그래서 이를 극복하지 않는 경우 새로운 플랫폼의 희망이 보이지 않는다면, 판을 바꾸는 수밖에 없습니다. 정말 새로운 지평이 열릴 것인지, 아니면 한낱 마케팅의 수사에 불과했는지는 시간이 지나기 전까지는 알기 힘듭니다.

메타버스와 NFT, 도대체 무엇이길래 세상이 시끄러울까?

>>>>

도대체 메타버스란 무엇인가?

메타버스는 단순한 유행일지 모릅니다. 다만 스마트폰 이후의 세계를 모두가 상상하기 시작했다는 점에서 중요합니다. 사람들은 스마트폰의 작은 화면보다 더 효과적으로 감각을 교란해 디지털 세계로 끌어들일 방법을 찾고 있습니다.

전 세계적으로 '메타버스'라는 신개념이 뜨고 있습니다. '메타'란 초월을 뜻하는 접두어입니다. '버스'란 유니버스, 즉 우주나 세계를 말합니다. 메타버스는 메타와 버스의 합성어입니다. 굳이 풀어보자면 초월한 세계, 즉 온라인에 구축된 가상공간을 뜻합니다. 가상공간에서 디지털로 만들어진 분신인 아바타가 활동하고, 또 다른 아바타들과 실시간으로 교류합니다.

가상 체험이 현실 세계와 구분하기 힘들 정도여서 현실을 대체해도 무방한 대안 세계를 꿈꾸는 일이 반복되었습니다. SF의 가장 대표적인 설정이라고 봐도 좋을 정도로 가상공간, 가상세계는 우리에게 친숙합니다. 다만 SF의 상상 속에서 끝날 법한 일들이 근래의 기술 발전으로 꽤 그럴듯한 실체가 되어 나타났다는 점이 메타버스 유행의 배경에 있습니다.

가상공간은 3차원으로 구현되는 일이 많습니다. 그런데 3차원 모델링이 아니더라도 비슷한 수준의 몰입감만 제공할 수 있다면 2차원으로 이루어지기도 합니다. 개더타운 등 2차원 게임을 방불케 하는 복고풍의 디자인으로도 메타버스를 표방하기도 합니다.

그런데 실은 그 자체가 먼저 유행어가 되다 보니 이것이 바로 메타버스라고 정의하기가 쉽지는 않습니다. 너도나도 자신이 만들고 있는 것이 메타버스라고 주장하며 유행에 편승하는 실정입니다.

메타버스와 VR·AR

임의로 만들어낸 인공의 공간에 참가하는 일이란 결국 시청각 및 공간 감각을 교란하는 일입니다. 인간은 상상력으로 얼마든지 감각을 보완할 수 있기에 작은 스마트폰 화면만 바라보고 있어도 빠져들 수 있습니다. 그러나 본격적으로 현실 감각을 차폐하거나 왜곡하기 위한 기구를 활용하는 일은 필수 불가결하게 뒤따르기도 합니다.

사람들이 가상현실(VR; Virtual Reality)이나 증강현실(AR; Augmented Reality) 같은 기술 용어를 메타버스와 구분하지 않고 사용하기도 합니다. 기술의 발전이 메타버스 유행을 가속화한 것만은 사실이지요. 이들은 모두 감각의 교란을 꾀하는 기술들입니다. 애초에 현실에 존재하기 힘들거나 체험하기 곤란한 세계를 그려내는 것이 가상현실이라면, 증강현실은 현실을 그대로 살려내면서 현실 위에 디지털 및 온라인 정보를 입힙니다.

보통 VR은 헤드마운트 디스플레이(HMD : Head Mount Display)＊를 쓰게 되고, AR은 현실을 투과해야 하니까 스마트 안경의 모습을 지니곤 합니다. 중요한 점은 현재의 웨어러블 모습이 10년 후에 지금을 돌아볼 때 상당히 원시적으로 보일 것이라는 것, 누구나 착용할 만한 기구를 만들기 위해 모두가 노력하고 있다는 것입니다.

메타버스에서 비전을 발견한 이들은 그 자신감의 이유로 지금 우리 모두 스마트폰을 손에서 놓지 않고 비좁은 화면을 들여다보는 일, 즉 일종의 중독 현상을 겪고 있다는 점을 지적합니다. 스몸비＊＊ 현상이 미래가 아니라면, 훨씬 편하고 효과적으로 디지털을 흡수하며 늘 온라인에서 존재할 방법을 찾아내고, 문명은 그쪽으로 진화할 것이란 기대를 하게 된 것이지요.

＊ 머리에 뒤집어써서 시야를 완전히 가리는 방식의 기구.
＊＊ 스마트폰 좀비라는 뜻을 합성한 유행어. 등을 구부린 채 스마트폰만 쳐다보며 거리를 걷는 모습이 좀비 같다는 뜻.

메타버스에서 가장 중요한 것은 몰입감이다

몰입해서 빠져들 수만 있다면 그 세계는 이미 메타버스입니다. 감각을 교란해서라도 빠져들게 하고 싶은 그곳. 다음 플랫폼 패권이 메타버스에 있을지 모른다는 인식의 배후에는 바로 몰입감이 있습니다.

메타버스를 가상공간이라고 이야기하다 보면, VR·AR과 동일시하곤 합니다. 그런데 꼭 그렇지만은 않습니다. VR·AR로 훨씬 더 몰입감 있게 메타버스를 구현할 수도 있지만 그렇지 않은 경우도 많기 때문입니다. 오히려 번잡해서 문턱을 높일 수도 있기에, 최대한 가볍게 별도의 장비 구매 없이 메타버스를 만들어낼 수 있다면 그 또한 좋은 일입니다.

현실 세계를 가상화하려는 시도는 주기적으로 반복됩니다. 시도가 만들어내는 풍경 또한 주기적으로 묘사됩니다. 메타버스라는 단어만 봐도 1992년 미국의 SF소설 〈스노 크래시(Snow Crash)〉에 등장하는 가상공간을 뜻하는 말이니까요.

21세기 초에 세컨드라이프(Second Life)라는 가상공간 시뮬레이션 플랫폼이 크게 유행했습니다. 당시에도 메타버스라는 단어가 있었지만 지금처럼 유행하지는 않았습니다. 그런데 메타버스가 유행어처럼 뜬 계기가 하나 있습니다. 어찌 보면 세컨드라이프 같은 전 세대의 시도가 이제는 시들었기 때문이지요. 결국 또다시 반복적으로 시도되는 '현실의 가상화'입니다만, 전 세대와는 차별화되어야 했습니다. 아직 유행된 적은 없지만 잠재력이 높은 키워드가 물망에 올랐고, 메타버스가 낙점되어 새로운 세대를 차별화하려 했습니다.

차별화를 원하는 새로운 세대의 등장이 메타버스 유행의 첫 번째 이유라면, 두 번째 이유는 이 새로운 세대가 불러온 기술적 진보가 심상치 않았다는 데 있습니다. 기술적 진전이 지난번의 실패를 딛고 다시금 시도하게 했다는 지점이 중요합니다. 일단 반도체의 발전이 눈부셨습니다. 세계를 흉내 내기에 필요한 연산량을 충분히 처리할 수 있는 칩이 우리 폰 안에 들어간 시대가 되었습니다.

전반적인 그래픽 처리 능력이 향상되어서 실제로 존재하는 듯한 감각을 재현하기에도 쉬워졌습니다. 디스플레이 해상도가 높아져서 VR을 할 때 눈앞에 가까이 대더라도 크게 무리가 없습니다. 각종 센서류도 완비되어서 신체의 움직임에 기민하게 반응할 수 있습니다. 또한 (5G를 정작 쓰지는 않더라도) 5G의 특징*으로 대변되는 네트워크의 발전 또한 무시할 수 없습니다. 최근의 와이파이는 꽤 좋아

---

* 초고속·초저지연·초연결. 각각 속도와 용량이 증가되고, 지연시간이 낮아져 반응이 빨라지고 안정적이 되며, 네트워크 효율이 좋아져서 대규모 동시 접속이 가능해졌습니다.

졌습니다.

이처럼 시뮬레이션의 체험이 한층 더 업그레이드되면서 달라진 가상공간에 새 이름이 필요해졌고, 그것이 메타버스가 된 것입니다.

몰입할 수 있어야 메타버스다

메타버스라는 단어를 유행시킨 주인공으로, 멀티 플레이어 게임 포트나이트(Fortnite)를 빼놓을 수 없습니다. 처음에는 당대의 인기 작 PUBG(Player Unknown's Battle Grounds)의 아류작이라고 생각했습니다만, 자신을 드러낼 수 있는 개성적인 아바타로 사용자끼리 게임에서 소통하면서 일종의 가상세계 체험이 가능했습니다. 이 점이 인기의 비결이었습니다.

2020년 4월, 게임 안에서 인기 래퍼인 트라비스 스캇(Travis Scott)의 가상 라이브가 벌어졌습니다. 이는 동시 접속자 수가 1,230만 명에 달하는 이벤트가 되었고, 비용 면에서나 물리적으로 무리였던 중후장대한 체험까지 가능했습니다. BIS는 '다이너마이트(Dynamite)' 뮤직비디오를 포트나이트 버전으로 공개하기도 했습니다.

포트나이트는 VR도 AR도 아닌 그저 보통의 게임입니다. 비좁은 모바일에서도 즐길 수 있었습니다.** 그럼에도 모두 빠져들었습니다. 사람들은 게임에 매일 접속하고, 한 번 접속하면 꽤 긴 시간을

** 2022년 2월 기준, 애플과의 소송으로 즐길 수 없는 환경이 있습니다.

메타버스들은 감각을 교란해서 몰입을 만들어냅니다.

체류합니다. 사용 빈도가 높고 체류 기간이 긴 몰입형 미디어입니다. 게임과 메타버스는 친화성이 높습니다(포트나이트만 해도 중독성이 워낙 강해서 이들을 끌어내기 위한 '세라피 캠프'가 부모들에게 인기를 얻고 있을 지경입니다).

대안 세계를 자처하는 게임은 기본적으로 메타버스 후보가 될 수 있습니다. 앞으로의 플랫폼 패권은 메타버스에 있을지 모른다는 인식이 있습니다. 그 바탕에는 바로 게임에서 증명된 농도 높은 체험이 있습니다.

사용자를 몰입하게 하는 고농도 체험. 이에 성공 체험이 있는 게임 회사들은 메타버스에서 가능성을 엿보기 시작했습니다.

─ □ ×

왜 페이스북(메타)은
메타버스에 올인하려고 할까?

웹과 앱을 강력한 경쟁자가 지배하고 있다면, 내가 군림할 새로운 세계를 만들든지 찾아 나서야겠지요. 갑자기 메타버스가 왜 유행하게 되었을까요? 그 배후에는 이러한 사정이 있답니다.

2021년 가을, 그동안 페이스북이라는 서비스명을 회사명으로 쓰던 페이스북은 메타(Meta)라는 새로운 사명으로 리브랜딩했습니다. 회사 이름이 '메타'라니, 어지간히 메타버스에 빠지지 않고는 힘든 의사결정으로 보입니다. 페이스북은 이미 2021년 여름에 메타버스에 주력하겠다고 결산 회의에서 강조했고, 이후 메타버스에 대한 세간의 관심이 폭증했습니다.

마크 저커버그는 "메타버스란 스마트폰 화면을 보는 것에서 끝나지 않고 가상공간에 뛰어드는 것"이라고 주장합니다. 지금은 너무나도 당연하게 볼 수 있는 스마트폰 화면에 고개를 숙이고 있는 인류의 모습이 자연스럽지 않은 것만은 수긍이 됩니다.

페이스북은 메타버스가 유행하기 이전부터 2조 원 이상을 주고

2014년에 인수한 가상현실(VR) 단말 오큘러스(Oculus) 사업을 키워 왔습니다. 네트워크를 통해 교류하는 소셜 미디어의 미래가 더 몰입적이고 현실을 대체하는 체험을 통해 벌어질 것이라고 생각해왔음을 알 수 있습니다. 오큘러스 사업부는 연구소의 형태로 운영되다가 규모가 점점 커지면서 현재는 페이스북 리얼리티 랩을 거쳐 메타 리얼리티 랩이 되었습니다. 현재 메타 사의 직원 20% 이상이 이 분야에 투입되었고, 지금도 인재 채용이 계속되고 있으니 그들은 나름 진심입니다.

이미 오큘러스 퀘스트 등이 국내에도 통신사를 통해 정식 발매되는 상황을 보면 관련 하드웨어 판매도 수익원이 될 수 있지만, 페이스북이 메타가 되어 버린 지금 이 정도에서 그칠 리가 없겠지요. 스마트폰보다 훨씬 더 몰입감이 강하고 현실과 분리될 수 있는 미디어가 존재할 수 있고, 그곳에 현재의 페이스북만큼이나 많은 사람들이 유입될 수 있다면 그 세계를 만든 신은 수많은 일을 할 수 있습니다.

광고는 기본이요, 가상 재화를 얼마든지 생산하고 유통할 수도 있겠지요. 신천지가 펼쳐질 수 있습니다.

나만의 왕국, 메타버스를 찾아서

지금까지의 페이스북은 애플이나 구글에 의존해서 사업을 할 수밖에 없었습니다. 페이스북 앱이 애플이나 구글의 스토어에서 유통되는 이상, 그 제약이 적지 않습니다. 특히 애플은 프라이버시 보호라는 명분 아래 페이스북의 광고 추적 기능, 즉 우리들의 사용 행태를 개별적으로 기록해뒀다가 맞춤 광고를 내보내는 페이스북의 핵심 비즈니스 모델을 2021년부터 무력화시켜 버리고 있습니다. 페이스북(메타)의 입장에서는 이 틀을 재편하고 싶겠지요. 운영체제의 독자성, 스토어의 폐쇄성, 웹의 보편성은 거대해진 사업에는 걸림돌이 됩니다.

메타버스는 가상세계를 뜻하기도 합니다만, 결국 새 판을 짜자는 말로 이해할 수 있습니다. 메타버스는 가상세계라는 뉘앙스처럼 대안을 자처합니다. 그래서 현재 메타버스가 사용되고 있는 맥락을 보면, 대개 완벽하지 못한 현실을 대신할 수 있는 대안 세계로 제시되곤 합니다. 실은 게임도 얼개의 일종이었지요.

세계적으로 인기를 끈 게임 포트나이트의 제작사 에픽게임스의 CEO 팀 스위니(Tim Sweeney)도 메타버스라는 단어를 애호했습니다. 마크 저커버그도, 팀 스위니도 애플을 타도해야 할 현실로 보고 있는 듯합니다. 특히 에픽게임스는 애플 앱스토어의 독점을 문제로 법정 다툼까지 벌이는 중이니까요.

최근 스타트업 등에서 메타버스라는 단어가 만능 단어처럼 쓰이는 것도 비슷한 사연이 있습니다. 완벽할 리 없는 지금 현재에도 실은 대안이 존재하고 그 공간을 자신들이 만들겠다는 이야기지요. 왜 갑자기 메타버스라는 단어가 유행하게 되었는지, 그 배후에는 이러한 사정이 있답니다.

▷ ▷ ▷

메타버스는 답답한 현실을 두고 떠나고 싶은 가상공간입니다. 메타버스를 미는 회사들에는 그들의 입장에서 대체하고 싶은 답답한 현실이 있는 법입니다.

가상현실과 증강현실, 혼합현실은 어떻게 다른가?

💬

VR, AR, MR에서 XR까지. 현실을 완전히 가린 VR, 그리고 현실에 정보를 입힌 AR의 두 갈래 기술이 어떻게 서로 혼합되고 확장되는지를 신조어로 표현하고 차별화하고 있습니다.

메타버스가 유행어가 된 배경에는 두드러진 기술 혁신이 있었습니다. 가상현실(VR; Virtual Reality) 기술은 시청각 감각을 교란해 가상세계에 몰입하게 하는 기술로 역사가 깊습니다. 1968년에 머리에 뒤집어써서 시야를 가리는 VR 헤드셋이 처음 만들어졌습니다. 물론 시아에 펼쳐지는 풍경은 초보적인 수준이었습니다. 당시 기술력을 생각해보면 선이 보이는 정도였을 테니까요.

그리고 워낙 무거웠기에 밑에 얼굴을 들이미는 형태였습니다. 이 장비의 이름은 '다모클레스의 칼'로, 참주의 권자 위에 한 올의 말갈기로 매달아 놓은 칼을 말합니다. 권력의 무상함을 나타내는 말이지만, 지금 돌이켜보면 가상세계의 무상함을 나타내는 말처럼 들리기도 하네요.

VR은 PC의 등장, 게임 시장의 폭발과 함께 주기적으로 유행이 반복되었습니다. 특히 현실을 3차원 렌더링으로 흉내 내기 위한 반도체(GPU)가 대중화되고 성능이 개선되는 지점마다 여러 시도가 있었습니다. 요즈음 영화의 대부분을 CG가 차지합니다. 그런데 주어진 시나리오에 따라 현실을 미리 만들어두는 영화와 달리, 게임은 플레이에 따라 실시간으로 현실을 구축해야 합니다. VR의 경우에는 미세한 시야의 움직임마다 현실을 재구축해야 하니 엄청난 컴퓨팅 파워가 필요하겠지요.

한편 현실을 정보로 보강하는 증강현실(AR; Augmented Reality)은 초보적인 기술로도 인류가 늘 만들어왔습니다. 대표적인 것이 바로 소총마다 장착되어 있는 조준경입니다. 병사가 조준경을 들여다보는 이유는 작은 화면에 비친 현실뿐만 아니라 현실과 겹친 조준점 때문입니다.

스마트폰의 등장이 AR 시장을 키웠습니다. VR보다 그려내야 할 것이 많지 않았고, 여명기의 스마트폰으로도 충분했기 때문입니다. 카메라에 비치는 풍경 위에 위치 정보를 토대로 정보를 덧씌워주는 것만으로도 신기했습니다. 이 기술은 숙성을 거쳐 등장한 '포켓몬 GO'에서 사회현상을 일으키며 폭발했습니다. 지금은 애플 iOS에도 구글의 안드로이드에도 AR 기술이 기본적으로 탑재되어 있습니다. 앱을 만드는 이들이 약간의 노력만으로도 얼마든지 결과물을 낼 수 있을 만큼 안정화되어 있습니다.

혼합현실, 그리고 그 너머의 확장현실

VR과 AR은 현실이 어느 정도 섞였는지, 얼마나 우리의 감각이 차폐되었는지에 따라 구분됩니다. 그런데 마치 스펙트럼처럼 '정도'의 차이, 그러니까 VR과 AR 사이에서 적당히 섞인 형태의 체험도 가능합니다. VR과 AR은 수십 년째 반복되며 시도되는 트렌드입니다. 그리고 매년 다양한 시도가 펼쳐집니다.

최근 혼합현실(MR; Mixed Reality)이란 용어가 등장했습니다. 무엇이 혼합되었냐면 가상과 현실, 또는 VR과 AR입니다. VR은 현실

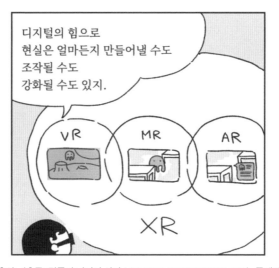

출처: 〈출동! 팀튜링 디지털 상담소(김국현 작, KDI 경제정보센터 연재)〉 중에서

디지털 정보가 현실과 어떻게 버무려지는지에 따라 VR·AR·MR로 나뉘고, XR은 이 전체를 아우르려는 용어입니다(MR은 가구 사이에서 몬스터가 뛰어 나오게 할 정도로 혼합되어 있네요!).

과 완전히 유리(遊離)된 세계, AR은 현실은 엄연히 존재하고 정보가 각주로 달린 세계였습니다. 그러나 MR에서는 현실 위에 등장한 가상세계가 위화감 없이 섞이며, 심지어 상호작용을 합니다. 가상의 캐릭터가 가상세계 속에 등장하면 VR, 현실 위에 겹쳐져 보이면 AR, 현실 속 소파 뒤에 숨을 수 있거나 나와 악수를 할 수 있으면 MR인 셈입니다. 이 역시 VR이나 AR이라고 말해버릴 수도 있겠지만, 지금까지와의 VR·AR과 다른 것은 분명하지요.

단어는 무언가 차별화를 부각하기 위해 만들어집니다. 확장현실(XR: eXtended Reality)이라는 말도 생겼습니다. 이 단어는 VR, AR, MR을 다 합쳐서 확장한, 우리 인류의 지평을 넓히는 현실이라고 '주장'합니다. 기술은 늘 스스로를 차별화하기 위해 새로운 말을 만들어내곤 합니다. 다만 그 내용은 그렇게 다르지 않은 때가 많고, 또 경계가 주관적인 경우도 많답니다.

가상현실과 증강현실을 활용할 비즈니스에는 어떤 것이 있을까?

교란된 감각의 덩어리를 시야에 얼마나 퍼지게 할지, 현실을 얼마나 뒤덮게 할지, 또는 현실 위에 어떤 순서로 깔아줄지, 아니면 아예 현실과 구분되지 않게 섞어둘지, 그 조합과 경우의 수는 많습니다.

메타버스, 그리고 VR·AR 기술들에 관심이 쏠리고 있는 이유는 어쩌면 이 기술들이 스마트폰 이후의 세계를 상징하고 있을지도 모른다는 생각에서입니다. 구부정하게 비좁은 화면을 바라보고, 또 어깨를 움츠리며 손가락으로 입력하고 있는 모습이 인류가 디지털을 대하는 완성된 형태일 리는 없기 때문입니다.

이처럼 폼팩터(Form Factor)*의 변화가 곧 임박했기에 새로운 전환을 선점하려는 이들의 초조한 움직임이 가빠지고 있습니다. VR 안경 회사 오큘러스를 인수하고 AR을 위해 레이밴 등을 동원해 협업한 메타(구 페이스북)는 대표적인 주자이고, 마이크로소프트도 MR

---

* 전자 기기에서 디자인 및 형태, 또는 의장(意匠)을 흔히 폼팩터라고 말합니다.

안경 홀로렌즈라는 제품군에 꽤 진지합니다. 구글은 이미 AR 안경인 구글 글래스(Glass) 제품을 2013년에 내놓으면서 화제를 일으킨 바 있지요. 카메라가 달린 안경을 쓴 모습이 마치 사이보그 같았지만, 사생활 침해의 우려로 후폭풍을 맞고 2년도 채 되지 않아 단종되었습니다. 현재 조용한 곳은 애플인데 소문만큼은 시끄럽습니다. 아마 이 글을 읽을 즈음이라면 구체적인 실체가 드러날지도 모르겠습니다.

구글 글래스는 단종된 후 2년 만에 엔터프라이즈 에디션이라는 이름으로 조용히 부활합니다. 엔터프라이즈 에디션은 기업용이었습니다. 홀로렌즈도 주된 고객이 기업입니다. AR이나 MR을 탑재한 스마트 글래스는 공장과 궁합이 아주 잘 맞습니다. 제조업, 중공업, 제약업 등 어떠한 현장에서도 현장 노동자는 정보로 '증강'될 수 있습니다. 가장 흔한 예로는 작업 도중에 시야에 설명서 및 지침, 주의사항을 띄워주는 것이겠지요. 숙련공의 머릿속에만 있었던 경험적 지식이 데이터베이스화되면 현재 작업 시점에서 필요한 정보, 해야 할 일 등이 일목요연하게 제시됩니다. 그러니 비교적 안전하고 효율적으로 일 처리를 할 수 있습니다.

노티(Notification)** 알림이나 참조 정보는 스마트폰으로도 구현할 수 있을지 모르겠습니다. 다만 양손이 자유로워야 하거나 집중해야 하는 작업 현장에서는 적용이 불가능한 일입니다. 대신 스마트폰

** 알림을 줄여 부르는 말.

앱을 만드는 정도의 노력과 수고로 스마트 웨어러블을 도입한다면 효과는 탁월합니다.

기업용 스마트 웨어러블 장비는 스마트폰의 5~10배의 가격을 형성하고 있습니다. 그럼에도 생산성을 높이고 싶은 기업은 과감히 자산으로 취득하며 도입합니다. 산업 여명기의 시장이 되어주기에 바람직한 곳이 바로 이 기업 시장이지요.

양손 중 어느 손도 스마트폰에 뺏길 수 없는 곳. 이곳에 기회가 있습니다. 의료 현장도 그중 하나입니다. 의료진은 차트에서 눈을 뗄 수가 없습니다. 환자보다 모니터만 보고 있는 의사들의 풍경이 낯설지 않습니다. 전자의무기록(EHR; Electronic Health Record)***을 임상 현장에 '혼합'하기 위한 노력은 계속 이어지고 있습니다.

메타버스의 진짜 기회

그런데 잠시 생각해보면 현실에 발을 디디고 있는 기회만이 전부가 아닙니다. 패션 분야에서 메타버스에 대한 관심이 커지고 있습니다. VR 쇼룸, AR 입어보기 등을 구현해온 패션 업계는 전통적으로 디지털 기술 친화적인 장르였습니다. 그런데 이뿐만이 아닙니다.

패션은 이미지를 그려 보게 하는 산업입니다. '나도 저렇게 될 수 있다'라며 증강된 내가 될 수 있음을 꿈꾸게 하는 산업입니다. 그런

*** 6장의 '디지털 헬스케어로 병원이 사라질 수도 있을까?' 참조

데 만약 미래 세대가 이미지를 그리고 있는 곳이 디지털 안이라면, 그 안에서 서로 영향력을 주고받게 되는 날이 온다면 (이미 어떤 층위의 세대들에게는 와버렸을지도 모르지만) 이미지의 일부가 될 수 있는 패션은 새로운 기회를 얻겠지요.

마크 제이콥스와 발렌티노가 '모여봐요 동물의 숲'과, 구찌 브랜드가 '제페토'와 컬래버레이션 하는 식입니다. 즉 메타버스 플랫폼과 컬래버레이션을 하는 식이지요. 디지털 협업에 능해서 아이콘이 된 디자이너 버질 아블로(Virgil Abloh)는 아예 디지털 전용 패션 브랜드를 론칭할 계획이었습니다. 하지만 안타깝게도 2021년 말 41세의 이른 나이에 세상을 떠나고 맙니다.

▷ ▷ ▷

메타버스 및 관련 기술은 산업 현장과 같은 현실 공간에도 기회를 주지만, 패션과 같이 꿈을 꾸는 일에도 기회를 만들어냅니다.

블록체인 암호화폐가
우리의 미래일까?

블록체인은 다른 신기술과는 달리 세상에 비효율을 일부러 야기합니다. 사람과 사람이 만드는 제도와 기관, 즉 '인스티튜션'은 믿을 수 없기 때문입니다. 그런데 정말 그런가요?

세상을 뒤흔들고 있는 기술 요소들을 지금까지 살펴보았습니다. 그런데 그중에서도 유독 논란이 되는 것이 있습니다. 바로 블록체인입니다. 정확히는 블록체인을 기반으로 하는 암호화폐가 화제의 중심에 있습니다. 다른 기술 발전과는 달리, 블록체인은 이 세계에 비효율성을 일부러 초래합니다.

블록체인의 기본 개념이 되는 분산 장부(Distributed Ledger)란 '장부가 한곳에 있으면 믿을 수 없으니 디지털의 힘으로 누구나 볼 수 있게 동시에 만천하에 존재하도록 하자'는 것입니다. 어찌 보면 중앙의 관리자, 즉 사람은 믿을 수 없으니 관리를 모두가 함께하자는 사상이지요. 블록으로 쪼개서 모두가 함께 관리한다면 해킹도 조작도 불가능해집니다.

지금까지 우리 일상 속 거래는 모두 믿을 만한 제삼자가 개입되어 있었습니다. 생각해보면 모든 거래에는 늘 중개인 또는 게이트웨이가 있었지요. 공인중개사나 페이먼트 게이트웨이(PG)를 생각해보면 이해하기 쉽습니다. 그리고 그들은 신뢰를 보장해주는 대가로 수수료를 받습니다. 개인 간에 중고물품을 거래하면서 현금을 주고받는 경우도 실은 이와 다르지 않습니다. 개인이 현금을 믿은 것은 화폐 발행 주체인 중앙은행(그리고 정부)을 우리가 은연중에 믿고 있기 때문입니다.

블록체인은 바로 이 전제를 의심하는 데서 시작되었습니다. 블록체인 암호화폐의 대명사인 비트코인이 베네수엘라에서 법정 화폐가 되었습니다.* 그 이유는 무엇일까요? 3,000%에 육박하는 인플레이션 등 기존 화폐의 가치가 무너졌기 때문입니다. 중앙에 대한 의심과 불신, 이에 대한 반응으로 분산이 고려되는 것은 어찌 보면 당연한 일입니다.

인류는 사회 규범의 복합체를 제도 혹은 기관, 그러니까 인스티튜션(Institution)으로 만들어왔습니다. 바로 '인스티튜션'을 우회해 거래를 해방하려는 일종의 혁명이 블록체인입니다. 물론 새로운 자유에서 희망과 미래를 보는 이들도 있겠지요. 그러나 아노미화된 공간에서 다시 그간 인스티튜션이 해왔던 일을 대체하는 일이 효율적일

---

* 산유국인 베네수엘라는 전기요금이 터무니없이 싸서 비트코인 채굴의 엘도라도가 되기도 했습니다. kWh당 전력 생산비는 겨우 0.06센트이지요. 수십 대의 채굴장을 한 달 내내 돌려도 전기요금이 10달러 남짓입니다. 심지어 니콜라스 마두로 정권은 보조금까지 남발합니다.

리가 없습니다. 그 누구도 믿을 수 없으니 모든 것을 검증**해야 하니까요. 인스티튜션을 믿었다면 "갑이 을에게 100만 원을 줬다"라고 한 문장으로 끝날 일을 수많은 암호화 계산과 정보 복제로 대체합니다. 즉 신뢰를 의심하는 대가로 모두의 자원을 소모해야 합니다. 계산량을 지탱하기 위한 전기 소모는 막대합니다. 예컨대 이더리움을 유지하고자 현재 오스트리아의 국가 전기 소비량만큼 전기를 소진하고 있지요.

블록체인에 관심 없는 테크 기업?

일각에서는 '제2의 인터넷' 또는 '웹3' 그러니까 세 번째 웹이라고 떠받들고 있지만 기술자들 사이에서는 회의론자들이 많습니다. 이는 다른 기술 분야와는 대조적인 모습입니다.

예를 들어 인공지능이나 빅데이터, IoT 같은 트렌드를 부정하는 이들은 없지요. 그런데 유독 블록체인의 경우에는 적극적으로 부정

** 분산된 정보의 컨센서스를 어떻게 취할까요? 즉 어떻게 흩어진 장부를 통해 합의를 볼 수 있을까요? 증빙(Proof)을 만들어야 합니다. 비트코인이나 이더리움처럼 누구나 장부의 증빙을 계산하는데, 예컨대 새로운 거래 명세를 모든 장부에 온전히 추가하는 데 참여하고 그 대가를 받아가는 방식이 있습니다. 이 방식을 작업증명(PoW; Proof of Work)이라 부릅니다. 증명에 참여하는 일이 바로 채굴(Mining)이지요. 하지만 컴퓨터의 계산력이 동원되므로 엄청난 시간과 에너지를 소모합니다. 이에 대한 반성으로 이야기되고 있는 것이 지분증명(PoS; Proof of Stake), 즉 지분이 많은 참여자에게 증빙 계산을 시키는 것입니다. 이 시스템에 자신의 몫(Stake)이 많은 이들은 허튼짓을 안 할 가능성이 크니까요. 하지만 모든 걸 걸고라도 바보짓을 저지를 가능성을 배제하지 못하기에 "PoW만이 진정한 분산 장부"라고 주장하는 이들도 있습니다. PoS는 기계가 덜 동원되니까 '그린 코인'이라 불리기도 합니다.

하지는 않더라도 무관심인 경우가 많습니다. 테크 기업도 마찬가지입니다.

빅테크 기업들이 아예 하고 있지 않다는 것은 아닙니다. 각종 연구 및 협업에 관여는 하지만, 그들의 마음이 담겨 있지는 않습니다. 자신이 이미 제공하는 클라우드나 빅데이터 플랫폼이 블록체인이라는 수요에 어떻게 활용될지에는 관심이 있습니다. 수요는 곧 돈이 되니까요(실제로 구글이나 아마존도 클라우드 사업부에서만큼은 블록체인에 진지합니다).

예외가 있는 것처럼 보이는 일도 있었습니다. 2019년에 (당시) 페이스북은 자신만의 암호화폐를 발표했다가 후폭풍을 맞았습니다.*** 그런데 정확한 의미에서 분산 장부는 아니었습니다. 블록체인 분산 장부라고는 하나, 운영 네트워크에 속하는 이들만이 장부를 다룰 수 있게 하는 '허락 기반의 컨소시엄 블록체인'****이었습니다. 통제를 놓고 싶어 하는 대마(大馬)는 없습니다.

그럼에도 블록체인은 무척이나 달콤한 키워드입니다. 사람들의 관심이 식을 줄 모르니까요. 일반적인 중앙 집중형 시스템을 약간만 분산화한 후 블록체인이라고 붙이면 관심의 대상이 될 수 있습니다.

*** 리브라(libra)라고 불렸던 초기에는 다양한 기업이 참전하며 세를 키웠으나 규제 이슈 및 운영 주체 페이스북에 대한 의심으로 계획은 급격히 축소되었습니다. 페이팔, 마스터카드, 비자 등 주요 업체들이 떠나버렸습니다. 이름을 디엠(diem)으로 바꿔보기도 했습니다만, 결국 2022년 초 디엠은 모든 자산을 매각하고 활동을 종료합니다.
**** 전적으로 운영들의 관할하에 놓이기에 종래의 '인스티튜션'과 크게 다른 점이 없습니다. 현실적으로 글로벌 규모의 지급 결제를 스트레스 없이 처리하기 위해서는 이 방식밖에 없음을 인정한 셈이기도 합니다.

아마도 꽤 오랜 시간 이 키워드를 어떻게 이용하면 좋을지 다양한
궁리가 펼쳐질 것 같기는 합니다.

▷ ▷ ▷

인스티튜션이 배제된 그곳. 누군가에게는 정말 두 번째 인터넷, 세 번째 웹(웹3)일지
도 모릅니다.

블록체인은 어떻게
비즈니스에 활용될까?

블록체인은 그 자체가 하나의 거대한 분산 컴퓨터로 기능할 수 있습니다. 그렇다면 그 위에서 도는 코드도 앱도 있을 수 있습니다.

대개의 암호화폐＊는 블록체인상에서 구동됩니다. 가장 대표적인 화폐가 비트코인입니다. 알트코인(AltCoin: Alternative Coin)＊＊은 비트코인 이외의 코인을 뜻합니다. 비트코인 다음으로 유명한 이더리움도 알트코인이지요. 그만큼 암호화폐를 유행시킨 비트코인의 존재감은 큽니다. 이들 주류 암호화폐에게 있어 블록체인이란 '각자'가 운영하는 주인 없는 분산 장부를 말합니다('각자'라고 표현한 이유는 각각의 블록체인은 제각각의 방식으로 장부를 기록하기에 호환되

＊ 흔히 가상화폐라고도 불립니다만, 암호화폐(Cryptocurrency)라는 말이 조금 더 세계적으로 쓰이는 말입니다. 서양에서는 이를 줄여서 크립토(Crypto)라고도 부릅니다.
＊＊ 대안적인 코인을 뜻하지만 현장에서는 잡코인이라는 말도 많이 쓰입니다. 잡코인이란 말은 어감처럼 대개 순위권 밖의 알트코인을 좁게 표현할 때로 국한될 때도 있습니다.

지 않는 다른 존재라서 그렇습니다).

장부는 어디에 분산될까요? 바로 세계 도처에 흩어진 PC, 그러니까 보통의 컴퓨터입니다. 장부에는 거래 내역이 기록되지요. 거래 내역의 '블록(Block)', 그러니까 덩어리가 곳곳에서 산발적으로 만들어지면 이를 수학적으로 '이어(Chain)' 갑니다. 채굴, 즉 마이닝이란 블록을 만들어 잇는 일에 (경쟁적으로) 참여하는 일을 말합니다. 기여를 했으니까 어느 정도 대가를 주는데, 그 대가가 암호화폐로 발행됩니다. 이는 '금을 캐는 일 같다'고 해서 채굴이라는 단어로 정착되었습니다.

분산 장부를 만들고 관리하는 일에는 수학적인 암호화 기술이 필요하고, 이를 계산하기 위해서는 컴퓨팅 파워와 시간이 필요합니다. 불특정 다수가 시스템 관리에 동원되므로, 일부에 의한 조작이나 해킹이 사실상 불가능한 독립적 금융망을 유지할 수 있습니다. 채굴은 그에 대한 보상 메커니즘인 셈인데, 초창기와는 달리 일반인이 채굴로 채산성을 높이는 일은 점점 힘들어지고 있습니다.

디앱과 스마트계약

공개된 블록체인의 네트워크를 메인넷(Mainnet)이라고 통칭합니다. 메인넷은 그 자체로 별도 분리된 네트워크이기에 마치 인터넷과 웹 위에서 도는 앱을 만들었듯이, 메인넷을 사용하는 앱을 생각해보는 것은 당연한 순서였습니다.

탈중앙화앱, 디앱(decentralized App, 댑이라고도 부릅니다)이 바로 그렇게 블록체인 위에서 도는 앱입니다. 일반 앱이 인터넷 너머 클라우드의 서버에 담긴 데이터를 다룬다면, 디앱은 메인넷의 분산된 정보를 다룬다는 점에서 다릅니다.

비트코인에도 단 한 가지 기능을 하는 디앱이 있었다고 볼 수 있습니다. 주인이 누구인지 알아내는 기능이었지요. 후발주자인 이더리움은 방법을 확장해서 약간의 코딩으로 훨씬 더 다양한 기능을 하는 일을 자신의 메인넷에 도입합니다. 이를 스마트계약(Smart Contract)이라고 부릅니다. 어떤 특정 조건에 따라, 즉 계약에 따라 자동적으로 송금이 되는 등 복잡한 기능의 프로그램도 실행할 수 있게 됩니다.

이는 탈중앙이라는 복잡해질 수 있는 이상향을 소프트웨어의 힘으로 구현하기 위한 핵심 소프트웨어가 됩니다. 분산 장부를 마치 데이터베이스처럼 활용할 수 있는 코드가 블록체인 위에서 구동될 수 있었기 때문입니다. 디앱은 스마트계약, 즉 분산된 네트워크상의 코드를 활용합니다. 마치 일반 앱이 클라우드상의 코드를 활용하는 것처럼요. 계약이라는 이름에 헷갈릴 수 있겠지만 네트워크에 분산된 정보를 다룰 수 있는 네트워크 너머의 코드, 그러니까 'if ~ then'과 같은 일상적 코드가 바로 스마트계약입니다.

스마트계약과 디앱은 잠재적으로 다양한 활용 가능성을 암시합니다. 데이터를 중앙 한곳에 두지 않고 분산해 관리하며 검증하는 일의 장점이 정말 있을 테니까요. 이는 '탈중앙화'라는 블록체인 암호화폐의 본질과도 밀접하게 이어져 있습니다. 어느 무엇도 믿을 수 없다, 오로지 참여자 모두와 소프트웨어만 믿겠다는 선언과도 같은 일입니다.

블록체인은 이미 공개된 기술이기에 진입 장벽이 낮습니다. 나만의 메인넷도 그리 어렵지 않게 만들 수 있지요. 온갖 별의별 잡코인이 난무하고, 그들도 '메인넷 출범'을 하니까요. 심지어 기업이나 협회, 그룹이 끼리끼리 만들 수도 있습니다. 엔터프라이즈 블록체인 시장이 만들어지고, 각 지자체나 정부 기관에서도 채택하는 이유는 구현 자체가 그리 어렵지 않아서입니다.

하지만 블록체인은 서로를 믿지 못하는 느슨한 거래 관계에서는 유용할 수도 있겠지만, 일종의 분산 데이터베이스처럼 활용되면서 첨단의 느낌만 주는 경우도 많습니다. 아무래도 여전히 '쿨한' 키워드이기 때문이지요. 하지만 아무리 쿨해도 블록체인은 비효율적이라는 점에는 변함이 없습니다.

▷ ▷ ▷

분산된 네트워크상에서 데이터가 흩어지고 이를 자동으로 관리할 수 있는 코드가 존재하며, 이를 다시 활용할 수 있는 앱이 만들어지고 있습니다.

앞으로 NFT가 대세라는데, NFT란 무엇인가?

'내가 어떤 디지털 재화의 주인이다'라는 주장을 장부에 담는 대가로 얼마까지 낼 수 있나요? NFT는 얼마든지 복제가 가능한 디지털 작품에, 블록체인에 기록되는 증명서를 만들어줍니다. 그 가격은 얼마여야 적당할까요?

세계 3대 경매회사 중 한 곳인 런던 크리스티(Christie's) 옥션 하우스. 2021년 3월 6,930만 달러, 한화로 800억 원 가까이에 낙찰된 작품은 JPG 파일이었습니다. 디지털은 고가를 받아서는 안 된다는 것은 아니지만, JPG 파일은 원래 복제와 전송이 너무나도 쉬운 것 아닌가요? 게다가 낙찰자가 가져가는 것은 포토샵 원본 파일도, 그리고 출력물인 JPG도 아니고 그저 링크뿐이었습니다.

NFT(Non-Fungible Token)의 '펀저블(fungible)'이라고 하면 대체할 수 있다는 뜻이지요. 화폐나 곡식처럼 다른 것으로 대체해놓을 수 있다는 뜻으로, 동전이나 지폐와 같은 가치 저장식 토큰의 대표적인 특성입니다. 암호화폐의 코인도 마찬가지로 '펀저블'했습니다. 그런데 암호화폐는 블록체인에 모든 것이 기록됩니다. 지폐마다 고유의 일련번호가 있듯이 분산원장에는 거래 이력이 다 나와 있습니다. 그저 대체 가능한 것으로 치고 있었을 뿐이지요.

모든 토큰에는 '대체될 수 없는(Non Fungible)' 독창성을 기록할 수 있는 잠재력이 있었습니다. 그래서 토큰을 본격적으로 유통하자는 생각을 했고, 토큰 안에 그림 파일의 URL을 박아 넣습니다. 네, 토큰 안에는 그림조차 들어 있지 않습니다(블록체인의 비효율성을 생각하면, 그 안에 그림 같은 고용량을 넣기는 힘들지요). 그러고는 예술품의 링크를 소중히 보관하는 '디지털 인증서'라며 토큰을 파는 것입니다.

JPG는 얼마든지 복제할 수 있으므로 누가 주인인지 주장할 수 없습니다. 다만 파일을 가리키고 있는 인증서만큼은 누가 주인인지 장부에 기록되니 알 수 있습니다. 암호화폐이지만 코인마다 가격이 다르고, 각 코인에는 예술품에 대한 링크가 적혀 있습니다. 그리고 코인의 이력은 분산 장부에 기록되므로 누구 소유인지(물론 실명은 아니라 지갑이지만) 알 수 있습니다. 겨우 이것이 NFT입니다. 게다가 대개는 사용권은 허락되어도 저작권이 넘어가는 것도 아니랍니다.

NFT는 거품일까?

관리자 없이도 디지털 콘텐츠가 누구 소유인지 명확히 할 수 있다는 점에서 NFT는 의미가 있습니다. 작품의 소유자를 공시하며 이전하는 효과가 있으니까요. 인증서 한 장에 붙는 가격이 이해가 안 가기도 합니다만, 무한 복제할 수 있는 디지털에 희소성을 인위적으로 만들어 공급 곡선을 움직여 가격을 만들었다는 점은 어쩌면 혁신일지도 모릅니다.

"여러분이 모두 즐기고 있는 이 디지털 콘텐츠! 내가 바로 그 진품의 소유자요!"

이 플렉스의 느낌? NFT의 가격은 그 이상도 그 이하도 아닙니다. 그런데 NFT가 아니라도 옥션 하우스에서 거래되는 수많은 예술품, 생각해보면 그 가격도 어쩌면 플렉스의 느낌 그 이상도 이하도 아닐지 모릅니다.

트위터 등 소셜 미디어 기업들도 각자의 서비스에 NFT를 채택하고 있습니다. 그렇지만 단지 프로필 사진을 자신이 구매한 NFT로 바꿔주는 정도일 뿐, 이 정도 기능은 블록체인과 무관한 기업도 바로 구현할 수 있는 부분입니다. (NFT의 구매 이력은 각자의 암호화폐 지갑에서 확인할 수 있는 만큼, 소셜 미디어 기업들은 사용자의 암호화폐 지갑을 앱에서 연결하게끔만 해주면 되니까요.) 그렇지만 이러한 방향의 사업 전개는 NFT의 본질을 잘 드러내주고 있습니다.

▷ ▷ ▷

NFT 프로필을 설정한다는 건 "내가 이런 데도 관심이 있고 또 지불할 수 있는 여유가 있다"라는 뜻입니다. 이를 소셜 미디어에서 만나는 타인들에게 은근히 과시할 수 있으니까요.

도대체 디파이란
무엇인가?

디파이는 탈중앙화된 금융을 꿈꿉니다. 리스크도 많지만 현재의 금융이 진화할 수 있도록 의미 있는 압력을 가하고 있습니다. 분산과 탈중앙화, 인스티튜션을 우회한 금융은 헛된 꿈일까요, 미래일까요?

비효율의 극치인 블록체인 암호화폐. 그 존재 의미는 다음과 같은 단 한마디로 표현할 수 있습니다. 바로 '탈중앙화'입니다. 현 사회가 구축하고 또 의존하고 있는 현직의 인스티튜션을 신뢰할 수 없으니, 아니 신뢰하지 않기로 결심할 때 펼쳐질 가능성이 있다는 기술 사조입니다. 그리고 탈중앙화의 전략은 명쾌합니다. 바로 자동화된 분산이지요.

디파이(DeFi; Decentralized Finance. 분산금융, 탈중앙화 금융)는 금융회사가 그간 해왔던 중개의 역할을 의심하고, 이를 온전히 소프트웨어에 의해 대체하고자 합니다. 인간, 혹은 인간이 관리하는 체제는 돈의 흐름을 다루기엔 역부족이라서 결국 그 가능성을 제한할 뿐이라고 주장합니다. 그리고 그 결과, 돈의 주인인 개개인은 돈이 지

인스티튜션이 있던 그 자리를 소프트웨어와 참여자의 네트워크가 대신합니다.

닌 진짜 가능성을 활용하고 있지 못한다는 것이지요.

돈에는 가치 보관과 전달의 기능만 있는 것이 아닙니다. 우리가 '금융'이라는 말을 할 때는 돈의 융통을 둘러싼 복잡한 활용 및 용도를 떠올립니다. 디파이라는 단어에는 암호화폐라는 통화도 단순한 가치 보관 및 전달을 넘어 금융에 활용될 수 있다는 자신감이 들어 있습니다.

암호화폐는 기본적으로 금융기관과 같은 인스티튜션이 필요 없다고 말합니다. 거래를 관리하는 역할을 해왔던 금융기관 대신에 모두의 컴퓨터들이 장부를 분산해서 관리하고 있으니까요.

금융기관이 다루던 거래나 계약의 종류는 다양합니다. 대출, 투자, 보험 등은 물론 각종 파생상품까지 금융의 '애플리케이션', 즉 응용 품목이 다양합니다.

금융의 애플리케이션, 즉 응용은 모두 블록체인에서 돌아가는 코드인 스마트계약에 의해 대체될 수 있습니다. 스마트계약은 어떤 조건에 도달하면 자동적으로 거래를 실행합니다. 예컨대 기온이나 주가처럼 인터넷에서 명확히 값을 얻을 수 있는 조건이 설정한 기준 이하로 내려가면 돈을 송금할 수 있게 하는 식입니다. 일종의 보험이나 헤지(Hedge)가 금방 만들어졌네요. 이러한 조건부 실행을 프로그래밍 언어로 작성합니다.

금융이 코드가 될 수 있다면 다양한 응용이 가능합니다. 스마트계약이 가장 활발히 만들어지고 있는 이더리움 블록체인 네트워크. 요즈음은 디파이에 특화된 별도 플랫폼이 그 위에서 생겨납니다.

별도의 중개자 없이 대출도 가능해졌습니다. 아예 암호화폐 거래소도 유저끼리 직거래하도록 분산형으로 만들어버립니다. 바로 탈중앙 거래소(DEX; Decentralized EXchange)입니다. 모든 것이 코드의 힘으로 움직이므로, DEX를 둘러싸고 신개념 금융이 등장하기도 합니다.

디파이 열풍의 주역은 하이 일드

화제가 되었던 이자농사(Yield Farming)는 무엇일까요? 내가 가진 암호화폐를 DEX에 예치해둬서 유동성을 공급하고, 대가로 이자를 받는 일입니다. 마치 은행 예금이 유동성 공급에 쓰이고, 그 대가로

이자가 나오는 것 같은 느낌이지요. 다만 은행이 아니라 스마트계약이 이를 관리합니다. 그런데 원래 일드(Yield)란 수익률, 이율이지요. 연이율(APR)이 무려 수백 퍼센트에 달했던 때가 있었고, 디파이라는 단어가 유행하게 된 촉매가 되기도 했습니다.

하이 일드의 비결은 '유동성 마이닝'에 있었습니다. 기존의 채굴이 블록체인 네트워크를 유지하기 위해 컴퓨팅 자원을 제공함으로써 대가를 받는 것이었다면, '유동성 채굴'은 유동성을 DEX라는 탈중앙화 시장에 공급하는 공에 대한 대가를 산정해 추가로 나눠줍니다. 그렇게 나눠준 대가는 탈중앙 분산 거래소 사용자가 늘어날수록 다시 가치가 올라가는 선순환을 만듭니다.

그러나 암호화폐처럼 '하이 리턴에는 하이 리스크'가 따르고, 사기 등을 포함한 각종 구설수가 끊이지 않습니다. 블록체인 자체는 안전하다고 믿고 싶지만, 그 안에서 도는 코드를 금융 소비자 스스로 검증하기는 힘들겠지요.

또한 현금을 암호화폐로 환전해 탈중앙 거래소의 유동성 풀에 넣는 과정을 대개는 거칠 텐데, 블록체인과 현실과의 접점에서는 늘 '먹튀'가 벌어질 수 있습니다. 즉 이상(理想)은 완벽할지 모르지만 늘 불완전한 현실과 결합해야 합니다. 탈중앙화는 그 말처럼 관리주체가 불분명하지요. 누구의 신분도 확인하거나 제출하지 않습니다.

이처럼 낯설기 때문에 거부감이 들기도 하는 디파이입니다. 그러나 현존 금융에 대한 대안을 보여줌으로써 돈의 융통이라는 인류의 과제를 다른 각도에서 생각하게 합니다. 엘리트만이 독점하고, 그

독선 때문에 말도 안 되는 실태를 저지르기도 한 금융. 주기적으로 반복되는 금융 위기는 그 상징 같은 사건이었지요.

디파이의 코드는 공개됩니다. 그리고 코드는 레고 블록처럼 다시 조합되며 새로운 응용을 만들어내기도 합니다. 이를 블록체인에서는 '머니 레고'라고 합니다. 우리는 금융기관 없이 금융을 재조립할 수 있을까요?

너무나 당연하지만 그만큼 중요한 개념이 있습니다. 현재 클라우드가 중요한 위치에 있는 기술이자 여전한 트렌드입니다. 너무 많은 일들이 클라우드에서 벌어지고 있지만, 여전히 클라우드로 가지 못하고 있는 일들도 많습니다.

우리는 지금
클라우드 컴퓨팅 시대의
한복판에 서 있다

>>>>

클라우드란
무엇인가?

클라우드는 하늘 위의 구름처럼 어디에서 와서 어디로 가는지 그 소재는 잘 모르지만, 소중한 자원을 내려준다는 점에서는 같습니다. 그만큼 꽤 시적인 단어라 할 수 있습니다.

클라우드란 단어는 경제 기사는 물론 사회면에서도 심심치 않게 볼 수 있습니다. 클라우드 컴퓨팅, 클라우드 서비스 등 여러 용례가 있는데, 컴퓨팅이든 서비스든 구매해서 직접 설치하지 않고 인터넷을 통해 그 기능만을 제공받는 일을 말합니다. 우리가 흔히 쓰는 지메일(Gmail)도 클라우드 서비스라 볼 수 있고, 스타트업들이 서비스를 돌리고 있는 아마존 웹서비스(AWS)도 대표적인 클라우드 컴퓨팅의 사례입니다.

20세기만 하더라도 메일을 쓰려면 컴퓨터에 메일 프로그램을 설치하고, 회사의 서버에 메일 서버를 직접 설치해야 했습니다. 20세기의 '닷컴붐' 때만 하더라도 자기가 쓸 서버는 직접 구매해야 했습니다. 자재의 조달과 설치는 물론, 하나하나 관리까지 해야 했으니 생각만 해도 힘든 일이겠지요. 대기업마다 전산실이 있었고, 그 안에는 기업 규모에 걸맞는 고가의 서버들이 즐비하게 늘어서 있었습니다.

그러다 보니 초기 투자비용이 커질 수밖에 없었습니다. 더 큰 문제는 사놓고 쓰지 않아서 낭비되는 일도 많았다는 것이지요. 회사의 자산이라고는 하지만 오히려 부담되는 일도 많았습니다. 사용자의 입장에서도 지금은 웹브라우저만으로 처리할 수 있는 많은 일을 자신의 PC에 직접 설치해서 써야만 했었지요. 여전히 관공서나 은행 업무를 보려면 무언가를 자꾸 설치해야 하는데, 어찌 보면 그 시절의 잔해라고 볼 수도 있습니다.

이제는 어떤 기능을 만들고 싶으면, 혹은 사업을 시작하고 싶으면 클라우드에서 바로 종량제로 기능을 구매합니다. 예를 들어 웹페이지를 돌릴 수 있는 CPU 어느 정도, 몇 기가의 데이터를 담아놓을 수 있는 저장공간 얼마치와 같은 식입니다. 그리고 해보다가 아닌 것 같다고 생각하면 과금을 끊으면 그만입니다.

소비자 입장에서도 웹브라우저만 띄우고 업무 서비스에 바로 들어갑니다. 예전에는 회사마다 구매해서 설치하거나 심지어 자체 구축해야 했었던 회계나 인사 등 업무 시스템도 클라우드로 이행되고 있습니다. 한 달 써보다가 아닌 것 같으면 그만둘 수 있으니 마음이 참 편합니다.

클라우드의 어원

클라우드(Cloud)란 단어의 뜻 그대로 '구름'을 의미합니다. 이미 20세기부터 네트워크를 도면에 그릴 때 뭉게구름으로 표현하던 관례가 있었습니다. 도면을 그릴 때 간략하고 추상적으로 그려야 하니까, 꼬이고 번잡한 네트워크 회선을 하나하나 그리고 있을 수는 없었겠지요.

당시에는 하늘에 떠 있는 구름처럼 꼭 무선만을 뜻하는 것도 아니었습니다. 하늘에 떠 있는 구름은 어디에서든 볼 수 있지요. 구름 위에는 무엇이 있는지 보이지 않기에 많은 상상력을 불러일으키기도 했습니다.

오랜 세월 동안 사람들은 정말로 네트워크 도식에 구름을 그려왔습니다.

물리적 위치도 그 상세도 알 수 없는 대상이라는 느낌에는 클라우드라는 단어가 아주 적합했던 셈입니다. 물리적으로 어디에 설치되어 있는지, 어떻게 무엇이 설치되어 있는지는 알 수 없지만(실제로 보안 등 여러 이유로 구체적 사안은 고객이라도 알려주지 않습니다), 서비스를 제공하고 컴퓨팅 파워를 제공하는 것이 바로 클라우드인 셈입니다.

한편 '크라우드'라고 불리는 것도 있습니다. 크라우드 펀딩이 대표적인데, 이 경우에는 철자가 다릅니다. Crowd, 즉 군중을 의미합니다.

▷ ▷ ▷

클라우드는 이젠 당연시됩니다. 그래서 우리가 쓰고 있는 디지털 기술의 대부분이 클라우드에 의존하고 있다고 봐도 무방합니다. 따라서 클라우드를 쓴다는 사실 그 자체는 이제 큰 차별점이 되지 못합니다.

클라우드는 데이터 센터와
어떤 관련이 있을까?

데이터 센터를 보면 결국 클라우드도 부동산 사업처럼 보입니다. 데이터 센터가 첨단 산업의 중심지일 것 같지만, 사실 중심지는 언제나 사람이 모여 있는 곳입니다.

필요할 때마다 필요한 만큼 쓸 수 있는 전산 자원이 클라우드라면, 결국 클라우드도 어딘가에는 물리적으로 존재해야 합니다. 그곳이 바로 데이터 센터*이지요.

추상적으로 구름(클라우드)이라고 표현하지만, 결국 서버라는 기계가 설치되어야 합니다. 그곳은 아쉽게도 진짜 하늘 위는 아니고 우리 주변 어딘가에 있습니다. 예전에는 수요처에 근접한 도심부에 많았는데, 근래에는 디지털 수요가 워낙 늘다 보니 도심에서 벗어나는 추세입니다. 점점 더 많은 서버가 들어와야 하기에 시설 면적도 팽창하기 때문이지요.

---

* IDC(Internet Data Center)라고도 부릅니다.

이처럼 클라우드도 결국은 데이터 센터에 들어 있습니다. 마이크로소프트, 아마존, 구글과 같은 초대형 글로벌 클라우드 업체는 세계 방방곡곡에 엄청난 양의 데이터 센터를 소유하고 있습니다. 인터넷도 네트워크, 네트워크도 결국 회선이기 때문에 공급과 수요가 물리적으로 가까울수록 유리합니다. 빛의 속도로 데이터가 오고 갈 것 같지만, 중간에 중계기가 늘면 늘수록 속도가 느려지지요. 그래서 초대형 글로벌 업체들도 '부산 리전'** '서울 리전'을 두고 한국에 들어와 있습니다. 기존에 있던 데이터 센터에 임대해서 들어오거나 아예 기공(起工)을 합니다.

첨단 시설이기에 지자체에서 유치하고자 경쟁을 벌일 때도 있습니다. 4차산업혁명의 중심이 되고 싶다는 각 지역의 바람에서 시작되는 일들입니다. 이처럼 데이터 센터는 지역경제 활성화 및 일자리 창출 등의 효과로 기대되나 실상은 조금 다릅니다.

데이터 센터가 우리 지역에?

실제로 네이버가 데이터 센터를 용인에 두려다가 지역의 반대 때문에 세종으로 선회한 적이 있습니다. 그 이유는 춘천에 들어온 거대 데이터 센터의 실상을 목격했기 때문이지요.

** 리전(Region), 말 그대로 지역이라는 뜻입니다만, 그 지역에 있는 데이터 센터를 지칭합니다. 보통은 서비스 대상 고객과 소비자에 가까운 리전을 선택해 사용합니다.

데이터 센터는 점점 커지므로 전 세계적으로 주로 외진 곳에 있습니다.

대부분의 데이터 센터는 기계가 주인입니다. 물론 관리 인력이 있으나 고용 창출의 양이 많지 않아서 지역 상권에 크게 도움되지 않습니다. 게다가 클라우드의 특성상 얼마든지 원격으로 근무할 수도 있지요. 더불어 보안 시설이기 때문에 부지 자체가 지역의 랜드마크가 되기도 힘듭니다. 그리고 전기와 물을 많이 사용한다는 점도 지역에서는 부담입니다.

데이터 센터를 중심으로 연관 산업이 함께 성장한다는 청사진이 실제로 이뤄지면 좋겠지만, 쉽지만은 않습니다. 그래서 보통 어느 정도 면적이 되는 국가일수록 데이터 센터는 다소 휑한 지역에 설치되곤 합니다. 데이터는 어디에 있어도 상관없으니까요.

마이크로소프트는 심해 데이터 센터 실험도 진행했습니다. 바다에 수장(水葬)시키면 적어도 냉각만큼은 걱정하지 않아도 된다고 생각해서였습니다.

미국의 실리콘밸리, 한국의 강남과 판교처럼 엔지니어가 모여 있는 곳의 부동산은 데이터 경제와 함께 움직입니다. 클라우드라는 추상적 개념이 현실에 구체적으로 자리 잡기 위해서는 물리적 실체, 즉 공간이 필요합니다.

클라우드에는
어떤 종류가 있을까?

보통 정보 시스템은 맨 위에 앱, 그 아래에 플랫폼, 다시 그 아래에 인프라스트럭처로 구성됩니다. 이 단계별로 클라우드가 제공되고 있습니다.

클라우드 서비스, 클라우드 컴퓨팅은 기본적으로 인터넷에 연결되어 있기에 바로 쓸 수 있는 서비스나 전산 자원을 뜻합니다. 그런데 인터넷 저 너머 어딘가에 있는 그 무엇이 회계나 인사 업무 등과 같은 앱일 수도 있고, 윈도나 리눅스 같은 운영체제일 수도 있습니다. 아니면 저장매체와 같은 전산 자원이나 응용 프로그램을 가동할 수 있는 개발환경일 수도 있습니다.

이처럼 클라우드 뒤편에 있는 대상이 무엇인가에 따라 꽤 다른 의미를 지니기도 합니다.

단지 인터넷에 연결되어 있고 서버에서 가동된다는 것 이외에는 공통점이 없어 보일 정도로 서로 다르고 그 폭이 넓지만, 모두 뭉뚱그려서 클라우드라고 부르고 있지요.

SaaS, PaaS, IaaS를 도식화한 그림입니다. 위로 올라갈수록 추상도가 높은 실제 업무를 바로 빌려주고, 아래로 내려갈수록 구체적인 기반 설비를 임대해줍니다.

이처럼 클라우드가 다루는 대상은 굉장히 넓고, 놀랍게도 지금도 그 폭이 넓어지고 있습니다. 모든 것이 클라우드로 빨려 들어가고 있기 때문이지요. 그런데 클라우드 초창기부터 형태나 이용 방식에 따라 최소한의 분류는 해보자라는 이야기가 있었습니다.

바로 SaaS, PaaS, IaaS, 이렇게 3가지입니다. 여기서 중요한 것은 뒤의 세 글자가 같다는 것입니다. 바로 'as a service', 즉 '서비스로서 제공되는'이라는 뜻입니다. 지금까지는 상품을 구매하거나 제조해야 하는 2차산업이라고 생각해오던 것들이 점차 '3차산업적 서비스로 제공될 수 있다'라는 뜻이지요.

SaaS·PaaS·IaaS

SaaS(Software as a Service)는 '사스'라고 읽습니다. 클라우드 이 전까지만 해도 소프트웨어는 패키지가 기본이었습니다. 슈링크랩 (Shrink-Wrap)이라고도 불렸는데, '비닐로 수축 포장된'이라는 뜻처 럼 패키지를 사서 비닐을 뜯는 '언박싱'을 하고 CD를 꺼내 컴퓨터에 넣고 설치했었지요. 지금은 추억이 되었지만, 백과사전도 기업 업무 프로그램도 다 그렇게 사다가 썼습니다.

이제는 소프트웨어가 인터넷으로 바로 제공됩니다. 데이터도 우 리 PC가 아닌 인터넷 너머에 보존되지요. 굳이 PC가 아니더라도 상 관없습니다. 설치할 필요가 없으니 모바일로도 맥으로도 쓸 수 있 지요. 또한 계정만 있으면 여러 명이 동시에 쓸 수도 있습니다. 구글 닥스나 오피스365 등이 사스의 대표적인 일례입니다.

PaaS(Platform as a Service)는 '파스'라고 읽습니다. 플랫폼에는 여러 가지 뜻이 있습니다.* 다만 여기서 플랫폼이라고 하면 그 위 에서 다른 애플리케이션을 만들기 위한 준비 과정 및 원자재 일체를 갖춘 공간을 뜻합니다.

SaaS가 사용자가 바로 접속해서 쓸 수 있는 클라우드라면, PaaS 는 개발자가 바로 접속해 무언가를 바로 만들어낼 수 있는 클라우드 를 뜻합니다. 이미 시스템 설계의 틀이나 가이드라인 등을 포함한

---

* 1장의 '플랫폼의 의미를 명확히 파악하고 이해하자' 참조

원자재가 바로 제공되니, 조립하듯 만들어갈 수 있습니다. 확장성과 생산성 면에서 큰 도움이 됩니다. 구글 앱 엔진, 헤로쿠(Heroku) 등이 파스의 대표적인 일례입니다.

IaaS(Infrastructure as a Service)는 '이아스' 혹은 '아이아스'라고 읽습니다. 인프라스트럭처는 서버나 네트워크와 같은 물리적 기자재를 말합니다. 전산실에 즐비하게 늘어서 있던 서버들과 바닥과 천장을 휘감고 있었던 네트워크를 말하지요. 이 모든 하드웨어를 굳이 사지 않고 빌려서 종량제로 쓸 수 있게 하는 것이 IaaS입니다.

어떤 기종을 사야 할지 걱정할 필요도 없습니다. 필요한 스펙만 써볼 수 있고, 수시로 바꾸거나 알아서 최적으로 조정할 수 있게끔 할 수 있으니 비용도 최적화할 수 있습니다. 이 인프라 위에 필요한 운영체제를 설치하고(보통은 제공될 때 이조차도 깔아서 줍니다), 마치 전산실의 기계를 다루듯 클라우드 너머의 서버를 다루게 됩니다. 아마존 웹서비스(AWS), 마이크로소프트 애저(Azure) 등이 IaaS의 대표적인 일례입니다.

가상화는 클라우드를
지탱하는 가장 중요한 기술이다

클라우드는 이름만큼이나 실제로도 추상적입니다. 하드웨어마저 가상화해 소프트웨어로 만들어 다른 하드웨어 안에 넣어버리니까요.

클라우드를 가능하게 한 기술 중에서 가장 중요한 것을 꼽으라면, 단연 '가상화(Virtualization)'입니다. 말 그대로 실물을 가상(假想)물로 변하게 하는 마술, 아니 기술입니다. 우리 눈앞에 놓인 물리적인 서버 기계도 가상화 기술로 소프트웨어로 변신시켜 다른 서버 안으로 집어넣을 수 있습니다. 시뮬레이션 혹은 에뮬레이션이라고도 불리는 흉내 내기 기술의 연장선에 있는 기술이지요.

기계 A가 있다고 한다면, 기계 A 실물 기기의 주요 반도체(CPU, 메모리, SSD 등)를 새로운 기계 B 위에서 흉내 냅니다. 그러면 기계 A 안에서 돌고 있던 소프트웨어는 기계 A는 이미 사라지고 실은 기계 B 속에서 돌고 있지만 자신은 기계 A 안에 있다고 착각합니다. 그리고 이렇게 착각하는 기계 A를 기계 A2, A3 등 기계 B의 용량과 성능이 허락하는 한 얼마든지 늘릴 수 있습니다. 즉 가상화는 물리적인 기계를 파일 하나로(정확히는 여러 개일 수 있습니다만, 일반적으로는 하나로도 만들 수 있으니 하나라고 봐도 무방합니다) 변신시키는 기술입니다.

이처럼 가상화란 여러 하드웨어 환경이나 전산 자원을 소프트웨어로 흉내 내서 하나의 물리적 하드웨어 시스템만으로 만들어내는 기술을 말합니다. 즉 우리가 클라우드에서 서버나 서비스를 구독하면 새로운 서버 한 대를 사다가 설치해주는 것이 아닙니다. 이미 있는 클라우드 사업자의 서버 B 안에 서버 A-1234와 같은 가상의 서버가 만들어지는 것에 불과합니다. 필요가 없어져서 일주일 만에 구독을 끊어도 새로 서버를 구매한 것이 아니기에 서버 B 안의 파일 하나만 지워버리면 그만입니다. 갑자기 사양에 변경 요청이 있어도 상관없습니다. 제어판에서 파일 크기를 늘려주기만 하면 그만이지요.

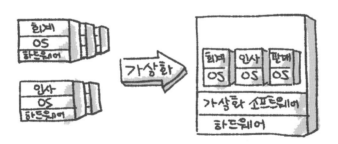

업무마다 서버를 한 대씩 두던 시기도 있었습니다. 그러던 것이 가상화 덕분에 하나의 서버에 모아둘 수 있게 되었습니다.

클라우드라는 서비스는 가상화라는 기술이 만들어낸 것

가상화가 정착되기 전에는 필요한 기능이나 업무마다 서버를 구매해야 했습니다. 물리적 기계가 늘어난다는 것은 그만큼 관리 부하가 생긴다는 말도 됩니다. 그보다도 문제는 서버 가동률이 몇 퍼센트에 불과한 것이 태반이라는 점이었습니다. 이처럼 잉여 자원이 넘쳐나는데 최적화가 안 되면 경영에 애로사항이 생깁니다.

어떤 서버는 갑자기 부하가 늘어서 힘들어하는데, 어떤 서버는 신나게 졸고 있습니다. 하지만 하나의 큰 서버 안에 이들이 가상으로 존재한다면, 큰 서버 안에서 자원을 자유롭게 분배할 수 있습니다. 규모의 경제를 살려서 훨씬 더 큰 규모로 시행하는 것이 바로 클라우드입니다.

이처럼 가상화는 클라우드를 가능하게 만드는 주요한 기술인 셈입니다. 가상화는 물리적인 하드웨어를 '추상화'하는 기술이라는 식으로도 표현되곤 합니다. 추상이라는 것이 구체적 경험으로부터 성질이나 상태를 추출한다는 뜻이니, 추상화 또한 흔히 쓰이는 표현이지만 적절한 의미가 아닐 수 없습니다.

SaaS, PaaS, IaaS 모두 각각 서비스, 플랫폼, 인프라스트럭처(기반 설비)를 가상화·추상화하는 클라우드라고 표현할 수도 있습니다. 예전에는 가상화를 소프트웨어에만 의존했지만, 근래의 최신 CPU 안에는 반도체 수준에서 가상화를 지원하는 기술들이 기본적으로 탑재되어 있습니다.

물리적 실체를 소프트웨어로 만들어버리는 가상화 기술 덕에 비용이 절감되고, 확장과 축소가 자유로워지는 등 운용 최적화가 가능해졌습니다.* 그리고 어디든지 옮길 수 있는 파일이 되었기에 장애가 발생했을 때나 부하가 몰릴 때 다른 곳으로 살짝 옮겨서 운영할 수 있는 메리트도 큽니다.**

---

 * 이를 확장성(擴張性, Scalability)이라 부릅니다.
** 이를 가용성(可用性, Availability)이라 부릅니다. 고가용성(HA; High Availability)이라는 말도 많이 쓰입니다.

멀티 클라우드란
무엇일까?

멀티 클라우드는 복수의 클라우드 사업자를 자유자재로 활용하는 일입니다. 다만 이 방향의 장단점을 이해하고 구성요소를 선별할 수 있는 역량이 필요합니다.

"달걀을 한 바구니에 담지 마라"라는 격언은 투자에만 해당되지 않습니다. 데이터 같은 자산에도 해당됩니다. 백업의 기본은 시공간을 분리하는 일입니다. 기껏 외장하드에 백업해도 PC처럼 책상 위에 둔다면, 도난이나 화재 같은 일이 터졌을 때 자산을 지켜낼 수 없습니다.

클라우드로 이행하는 일에도 마찬가지 고민이 뒤따릅니다. 단 하나의 클라우드 사업자에게 모든 전산 자원을 맡기는 일이 어딘가 개운치 않다고 생각하는 기업이나 소비자들이 늘기 시작했습니다. 우리 개인들만 보더라도 구글이나 마이크로소프트 등 다양한 기업의 메일과 저장 드라이브*를 섞어가면서 애용하고 있으니까요.

여러 클라우드를 취사선택한 후 조합해서 각자에게 맞는 최적의 운용 형태를 만들어낼 수 있습니다. 드문 일이기는 하지만 클라우드도 장애를 겪습니다. 실제로 초대형 상용 클라우드 사업자도 갑작스레 뻗어버려서 이에 의존하고 있는 이들에게 막대한 경제적 손실을 입혔다는 뉴스가 잊을 만하면 나타납니다.

전혀 다른 사업 체계와 조직과 지역성을 지닌 두 사업자가 동시에 장애를 겪는 확률은 급격히 줄어들겠지요. 하나가 중단되더라도 사업은 계속될 수 있습니다.

이처럼 여러 사업자의 클라우드를 섞어 쓰는 일을 '멀티 클라우드'라고 부릅니다. 같은 기능을 분산하는 식으로 쓸 수도 있고, 데이터 처리는 아마존 웹서비스에, 인공지능 학습 및 분석은 애저로 나

여러 클라우드 사업자를 한꺼번에 부리는 멀티 클라우드.

＊ 구글드라이브와 원드라이브가 유명합니다.

누는 것처럼 기능이나 업무별로 구분할 수도 있겠지요.

하지만 아무래도 한 곳만 상대해야 하는 경우에 비해 여러 대상을 관리해야 하기에 신경 써야 할 일이 늘어날 수밖에 없습니다. 그리고 그 조합이 늘어날수록 더 헷갈립니다.

멀티 클라우드의 장단점

멀티 클라우드는 계획에 의해 생길 수도 있고, 우발적이거나 저절로 생겨날 수도 있습니다. 하다 보니까 이곳저곳 쓸 수 있습니다. 클라우드도 결국 자산이라면, 그럴수록 자산 관리에 더욱 신경 써야 합니다.

멀티 클라우드에는 강력한 장점이 있습니다. 그 강력한 장점에 비하면, 중단이나 장애 시 대응의 유연성은 부차적입니다. 장점은 바로 하나의 사업자에 발목 잡혀서** 사업의 주인이 뒤바뀌는 일을 막는 것입니다. 공급자가 복수가 되면 비용은 당연히 절감됩니다. 교섭력이 생길 뿐만 아니라 최저가를 검색하면 되니까요.

다만 단점도 있습니다. 클라우드를 구매하는 입장에서 선구안이 없으면 오히려 한 곳에서 관리를 받는 경우보다 어중간한 결과물로 끝나기가 쉽습니다. 세상을 향해 열린 창구가 그만큼 늘어나므로 악

** 이를 '벤더 락인(Vendor Lock-in)', 즉 하나의 제공업자에게 물려버린다고 표현합니다. 영속 기업으로서는 피하고 싶은 일입니다.

의적 공격에 대한 취약성이 늘어나기도 합니다.

　기업의 모든 조달 체계와 마찬가지로 여러 공급자로부터 서비스를 받는 것은 상식이라고 생각합니다. 그런데 클라우드는 다소 다른 측면이 있습니다. 알고 있는 만큼, 익숙한 만큼만 잘 쓸 수 있기 때문입니다.

▷ ▷ ▷

클라우드도 결국 사업자입니다. 거래처 다변화를 생각해보기도 한답니다.

나만의 사적인 클라우드를 가질 수도 있을까?

충분히 거대해진 기업이라면 '나만의' 소유물을 생각해보곤 합니다. 클라우드도 예외는 아니겠지요. 하이브리드 클라우드는 다양한 구성으로 각각의 약점을 보완합니다.

클라우드는 인터넷을 통해 불특정 다수에게 전산 자원을 제공하는 식으로 직접 서비스를 합니다. 제공하는 내용을 바로 쓸 수 있는 소프트웨어(SaaS)일 수도 있고, 바로 그 위에서 생산을 시작할 수 있는 플랫폼(PaaS)일 수도 있고, 원하는 대로 마음껏 구성할 수 있는 인프라스트럭처(IaaS)일 수도 있습니다. 공통점은 클라우드란 결국 '서비스로서(As-a-Service, aaS)' 제공된다는 점이지요.

서비스를 받기는 하되 그 실체를 기업 내에 두는 방법도 있습니다. 바로 '프라이빗 클라우드(Private Cloud)'입니다. 기업이 전용으로 구축해서 쓸 수 있는 클라우드 환경입니다.

누구나 편하게 쓸 수 있는 일반적인 퍼블릭 클라우드가 있는데, 굳이 사적인 클라우드가 왜 필요할까요? 기업이나 조직마다 제각각의 사연이 있기 때문입니다. 대표적인 이유 몇 가지를 살펴보면 다음과 같습니다.

- 독자적인 보안 요구: 일반적이고 보편적인 기능에 집중하기 쉬운 퍼블릭 클라우드로는 회사만의 독자적인 보안 방침을 지킬 수 없습니다. 특히 정부 기관이나 금융기관에서 이러한 요구가 많습니다. 법 규제가 문제되기도 합니다.
- 특수한 시스템: 전산 자원의 구성이나 성능 등이 일반적이지 않고, 특수 사양이 있어야 하는 경우입니다.

하이브리드 클라우드

일반 기업이 클라우드를 제대로 구현하기는 힘들기에, 근래에 일반적으로 프라이빗 클라우드라고 하면 퍼블릭 클라우드 사업자의 자원 중 일부를 점유(占有)해 사용하는 방식을 뜻합니다. 그러나 프라이빗 클라우드 중에는 아예 모든 것을 사내에 설치하는 경우도 있습니다. 이를 온프레미스(On-Premise)형 클라우드라고 합니다.

프레미스란 구내(構內)라는 뜻을 가진 영어 단어이니까, 온프레미스란 말 그대로 구내에 설치된 전산 자원을 뜻하지요. 전산실 안일 수도 있지만, IDC와 직접 계약해서 자체 운영하는 자원들도 모두 온프레미스라고 이야기합니다. 초기 도입 비용이 높고, 지속적으로 스스로 관리해야 한다는 점에서 전통적인 온프레미스 방식 그대로이지요.

하이브리드 클라우드는 퍼블릭과 프라이빗 클라우드, 온프레미스 등 다양한 구성으로 각각의 약점을 보완합니다.

이처럼 클라우드라고 하면 퍼블릭만 있는 것이 아니라 프라이빗 클라우드가 있고, 또 꼼꼼한 곳에서는 온프레미스에 클라우드를 두기도 합니다. 그런데 프라이빗의 경우, 도입 속도나 운용 비용 등 경영에 주는 부하가 적지 않습니다. 따라서 아무리 조심성 있는 기업이라 하더라도 퍼블릭 클라우드의 이점을 피하기는 힘듭니다. 따라서 적재적소에 맞춰 어디에 어떤 클라우드를 두고 이용할지를 책정하는 일이 중요해지고 있습니다. 이러한 복합형 클라우드 배치를 하이브리드 클라우드라고 합니다.

SaaS, PaaS, IaaS가 '클라우드가 무엇을 제공하는지'를 나타냈다면, '그 실체가 배치되는 형태'에 따라 퍼블릭, 프라이빗, 하이브리드로 나눌 수 있습니다. 하지만 하이브리드 클라우드가 궁극적으로 가야 할 길은 아닙니다. 많은 경우 자사가 특수하다고 생각하기 쉽지만, 꼭 그렇지만도 않습니다. 퍼블릭 클라우드는 특수한 사정까지 고려해 개선되고 있기에, 실은 많은 하이브리드 클라우드의 사례도 그냥 퍼블릭 클라우드만 써도 무방한 경우가 많아서이지요.

▷ ▷ ▷

기업은 보안에 신경질적이기 쉽습니다. 또한 자신의 업무가 특별하다고 생각하기에 프라이빗한 클라우드를 만들고 싶은 욕망에 빠지기 쉽습니다. 그 적절한 타협점이 적재적소에 퍼블릭과 프라이빗을 섞어 쓰는 하이브리드 클라우드입니다. 하지만 많은 기업도 돌고 돌아서 그냥 퍼블릭 클라우드만 쓰는 일이 적지 않습니다.

AI 클라우드란
무엇인가?

클라우드는 무엇이든지 '서비스로서' 제공해줍니다. 귀찮거나 힘들거나 어려운 것들일수록 서비스를 받고 싶은 게 인지상정입니다. 인공지능은 점점 클라우드로 몰려가고 있습니다.

　　클라우드는 다양한 업무, 기능, 설비를 대체해가기 시작합니다. 업계 선두주자인 AWS가 아마존 웹서비스의 약어임을 생각해보면, 이름에 나타난 것처럼 웹을 구성하는 서비스는 주된 사용처였습니다. 최근에는 이보다도 더 알맞은 활용 사례가 주목받기 시작하고 있습니다. 클라우드가 아니면 하기 힘든, 클라우드이기에 더 잘할 수 있는 최적의 용례는 무엇일까요? 바로 기계학습* 인공지능입니다.

　　기계학습에 대량의 데이터, 빅데이터가 필요해집니다. 동시에 학습을 처리할 수 있는 대량의 반도체 칩이 있어야 합니다. 무엇보다도 전체를 구성하고 최적화하는 일은 마치 공장의 생산설비를 구성

---

* 2장의 '기계학습이란 무엇인가?' 참조

하는 것처럼 경험과 자본이 필요합니다. 해본 사람이 더 잘합니다.

인공지능을 회사 내에서 만들기 위해서는 고가의 칩이 탑재된 기계가 필요합니다. 간단한 테스트 정도야 사무실에서 가능하다고 해도 본격적인 학습을 위해서는 용량이 금세 부족해지기 십상입니다. 그렇다고 덜컥 설비 투자를 감행하기도 부담입니다. 전산 설비의 감가상각은 빠릅니다. 사는 순간 구형이 되지요.

인공지능 구현을 위한 하드웨어와 소프트웨어 일식(一式)을 아예 빌려 쓰는 것이 편할 수도 있습니다. 이와 같은 수요로 인공지능 활용에 특화된 클라우드가 최근에 인기입니다. 바로 PaaS와 IaaS 레벨에서 인공지능이 제공되는 식입니다. 한 달 정도 빌린 후 데이터만 얹어서 실험해보기에 딱 좋습니다. 근래는 중소기업에서도 인공지능에 대한 수요가 늘고 있기에, 이 분야는 성장하고 있습니다.

인공지능도 서비스를 받는 시대

그런데 설비를 마련했다고 하더라도 원자재가 문제입니다. 양질의 빅데이터를 일반 기업이 갑자기 구하기는 힘듭니다. 네이버, 구글, 페이스북처럼 수많은 사용자가 자신의 콘텐츠를 그곳에 담아 두고 있는 곳은 학습시킬 수 있는 여지가 많습니다. 우리가 무료로 쓰고 있는 많은 서비스는 사실 무료가 아닙니다. 우리는 데이터를 제공하고 있으니까요. 대부분 약관을 꼼꼼히 읽지 않는데, 자세히 보면 우리는 '우리의 데이터를 팔아' 서비스를 쓰고 있습니다.

따라서 그들의 클라우드는 점점 강력해집니다. 문서를 많이 모은 테크 기업이라면, 특히 언어처리에 강합니다. 언어를 인식한다거나 언어를 발화한다거나 하는 일을 클라우드에서 처리해버리는데, 최근에는 그 성과를 다른 기업에게도 공개해서 수익을 얻고 있습니다. 즉 AI를 완성품으로 만들어놓고 클라우드로 제공하는 분야가 뜨고 있는데 일종의 SaaS입니다만, 콕 집어서 AIaaS(AI as a service)라고도 합니다. 'aaS'라는 접미어는 앞서 말한 바와 같이 '서비스로서'란 뜻이지요. AI도 서비스가 되어가고 있습니다.

굳이 인공지능을 스스로 만들 필요 없이, 쇼핑하듯 목록에서 골라 필요한 만큼 서비스 받는 시대는 이미 개화했습니다. 설비 투자를 절감한다는 수요도 있지만, 인공지능은 설비만 있다고 만들어질 수는 없고 이를 만들어낼 수 있는 인력이 필요합니다. 그런데 모든 회사가 확보하기는 힘든 일입니다. 이를 월정액이나 종량제 과금, 즉 돈으로 해결할 수 있게 해주는 비즈니스가 점점 커지고 있습니다.

▷ ▷ ▷

인공지능은 점점 클라우드로 몰려가고 있습니다. 각 기업이 필요로 하는 어지간한 일반적인 기능은 이미 기성품으로 만들어져 클라우드로 제공되고 있을 수도 있습니다. 하지만 결정적인 차별화를 만들어낼 나만의 기능은 결국 스스로 만들어야 하는 법. 미래 기업의 격차는 이 부분에서 날 가능성이 큽니다.

비즈니스의 현대화와 클라우드는 어떤 관계인가?

무언가를 서비스 받으면 잘하는 일에 집중하니 생산성이 늘겠지요. 그뿐만 아니라 회계적 관점에서도 의미가 있습니다. 기업 현장에 있어서 클라우드가 주는 혜택은 적지 않습니다.

클라우드는 현대 비즈니스에 적잖은 변화를 불러왔습니다. 클라우드가 지닌 여러 장점 중에서 '셀프 서비스'적 성향 때문입니다. 클라우드 이전의 기업에게 전산이란 현업이 할 수 있는 수준의 난이도가 아니었습니다.

게다가 설비 투자를 수반하는 일이기에 사내의 전문직들에 의뢰하면 심사숙고 후 최적의 솔루션을 차근차근 찾아내주던 일이었습니다. 재벌 계열사 중에 IT 전문 서비스회사가 있었던 것도 작업의 효율화와 관리 감독을 위해서였습니다.

그러나 이제는 전문가가 아니라도 클라우드를 구매하는 일을 감행할 수 있습니다. 스마트폰의 대중화 이래, 개별 제품 마케팅 시책조차도 전부 디지털화가 디폴트처럼 되었습니다. 그런데 모든 사안마다 전산 조직을 거칠 수는 없는 일입니다. 따라서 근래 기업은 CIO(Chief Information Officer)보다도 CMO(Chief Marketing Officer)에 디지털 예산이 치중되는 일이 적지 않습니다. 클라우드라면 계정만 만들면 바로 쓸 수 있으니, 도입 시간 및 초기 비용 면에서 유리합니다.

IT 시스템과 관련해서 직접 만들지, 아니면 서비스를 구매할지 고민되는 일들이 많았습니다.* 물론 여기에 명확한 답은 없습니다. 기업의 핵심 역량이나 차별화 요소조차도 납품과 조달을 통해 해결하기 힘들 테니까요. 하지만 생산성과 실행 속도, 적시의 시장 투입이 생존 조건이 되는 작금의 기업현장에서 클라우드가 주는 혜택은 적지 않습니다.

기업경영과 클라우드

클라우드는 회계적 관점에서도 의미가 있습니다. 미래 이익을 위해 투자했던 자본적 지출(CAPEX; CAPital EXpenditure)**을 영업비용(OPEX)으로 돌릴 수 있기 때문입니다. 자본비용은 손익계산서의 지출이 아니라 대차대조표의 자산항목으로 들어갑니다(물론 손익계산서에서 감가상각으로 표시됩니다). 분명히 미래에 대한 투자이므

---

* 이를 현장에서는 '짤지 살지(Build or Buy) 딜레마'라고 부릅니다.
** 흔히 자본 비용, 설비투자비용이라고 번역합니다.

로 기업의 미래 가치를 참고할 만한 지표가 될 수도 있겠지만, 많은 경우 잉여 현금 흐름을 줄이고 때로는 부채를 발생시킵니다. 배당 등 주주 가치에 해를 줄 가능성도 있습니다. 미래에 대한 확신으로 시행하는 자본 지출이 아니라, 일상적 영업비용이 설비 투자라고 포장되는 셈일 수도 있는 것입니다.

모든 자본비용은 다른 곳에 쓰인다면 새로운 사업 기회를 만들어 낼 수도 있던 돈입니다. 설비 투자는 탄력성이 없습니다. 실수요를 초과했다면 그만큼 자본비용이 낭비되어 기회비용이 됩니다. 그리고 그렇게 투자했는데 실수요보다 부족해진다면 이는 큰 기회손실로 이어집니다. 기회손실은 훨씬 더 위험합니다. 회사의 성장세를 꺾어버릴 수도 있으니까요.

현금 유동성, 세제 혜택 등을 고려해봐도 다른 사람들은 영업 비용으로 처리하는 일을 굳이 설비 투자할 필요가 없습니다. 유동성 없는 자산에 자본이 묶이는 일은 지금과 같은 대전환기에는 위험한 일이기 때문입니다.

사업의 통폐합이나 M&A의 기회가 왔을 때 창고에 가득차 있는 서버를 반가워할 이는 아무도 없을 겁니다. 훌륭한 설비 투자라고 보기에도 힘들지요. 전국 방방곡곡에 설치된 통신사의 기지국이라면 모를까, '클라우드를 왜 쓰지 않았을까?'라는 의구심만 가득 남겠지요.

회계적 관점에서도 클라우드는 이제 필수가 되었습니다. 디지털은 차별적 설비 투자가 될 만한 것을 만들거나 사기가 힘듭니다. 가볍게 비용으로 털어버리는 편이 기회비용과 기회손실을 줄이는 지름길입니다.

클라우드 컴퓨팅은
온실가스와 어떤 관련이 있을까?

컴퓨터는 전기를 쓰고 열을 발생합니다. 흩어져 있도록 내버려두는 것보다 모아서 통제하는 것이 효율 면에서는 좋습니다. 클라우드의 전력 소모량은 직접 운영하는 것보다 훨씬 적을 수밖에 없으므로 친환경적입니다.

　클라우드 컴퓨팅은 소비자의 경제적 관점에서만이 아니라 공급자 입장 및 사회적 측면에서도 합리적인 면이 있습니다. 클라우드는 종래의 온프레미스* 컴퓨팅에 비해 대규모의 가상화 기술이 동원되므로, 수많은 전산 자원을 효율적으로 최적화할 수 있는 이점을 제공합니다.

　예를 들어 개별적 기업에서는 설령 놀고 있는 기계가 있다고 해도 계속 그 기계에 전원이 들어와 있고 네트워크에 물려 있겠지요. 그러다보니 전기와 냉각 비용이 계속 지출될 수밖에 없습니다. 하지만 클라우드에서는 유휴자원의 우선순위가 수시로 바뀌면서 비용 절감

---

* 구내에 설치된(On Premise).

방향으로 재조정됩니다. 그리고 미세조정이 대규모로 벌어집니다. 대폭 증가된 규모의 경제가 사회적인 리소스풀(Resource Pool)**을 만들어줍니다. 개별적으로 관리되었을 때는 '있을 수밖에 없는' 낭비가 집단 관리되면서 억제될 수 있는 셈입니다. 여기에 확장 가능이 쉽고, 시작하기가 쉽기에 의사결정 시간도 단축됩니다. 비용도 예측할 수 있기에 ROI(Return On Investment)***의 관리도 가능해집니다.

규모의 경제는 에너지 효율을 높이고 그 결과 환경에 도움을 줄 수 있습니다. 에너지를 만들어내는 데 쓰이는 온실가스 배출량이 적지 않기 때문입니다.

디지털은 실체가 없어 보이지만, 전기라는 현실의 자원을 엄청나게 빨아갑니다. 최신 그래픽 카드와 고성능 CPU가 장착된 가정용 데스크톱도 몇 백 와트나 소진합니다. 이러한 기계를 24시간 한 달 동안 틀어놓는다면, 전기요금 고지서를 보고 깜짝 놀랄 겁니다. 첨단 컴퓨터일수록 에너지 소비량이 상당합니다. 게다가 5G, AI, IoT 등 매년 디지털의 구성요소가 사회적으로 늘어날 때마다 에너지 소비량은 추가될 수밖에 없습니다.

** '자원이 저장된 수조'라는 뜻처럼, 실은 흩어져 있는 자원을 하나의 저장소로 논리적으로 추상화해 관리하는 일을 말합니다.
*** 투자수익률.

클라우드가 줄이는 환경 부하

환경 부하를 줄이는 방향으로 에너지를 만들어내고 소비해야 한다는 점에는 이견이 없습니다. 이는 우리나라뿐만 아니라 세계의 정책 목표가 되고 있습니다. 따라서 국제적 동조 및 리더십에 호응하는 방향으로 거대 클라우드 사업자들은 전력망 및 냉각기구의 기술 혁신에 박차를 가하고 있습니다.

실제로 클라우드 사업자들의 데이터 센터와 일반 데이터 센터는 구조 효율 면에서도, 가동 효율 면에서도 격차가 발생할 수밖에 없습니다. 규모의 경제는 더 고도의 냉각 구조를 가능하게 하고, 더 큰 리소스풀을 유지하므로 가동률이 올라갈 수밖에 없습니다.

실제로 미국 에너지부(DOE) 등이 후원한 연구 보고에 따르면 클라우드로의 이행이 에너지 효율 면에서 메리트가 있다고 밝히고 있습니다.**** 2010년부터 2018년에 걸쳐 클라우드의 컴퓨팅 리소스는 무려 6배가 늘었지만, 에너지 소비율은 겨우 6% 증가하는 데 그쳤습니다. 구글 데이터 센터의 주장에 의하면, 2020년의 컴퓨팅 파워는 동일 전력 소모와 비교했을 때 5년 전에 비해 7배 늘었다고 이야기합니다.

2018년 추산으로 세계의 전력 소모량 중 클라우드를 포함한 세계 데이터 센터가 차지하는 비율은 1%입니다. 많은 것 같지만, 우리가

**** science.org/doi/10.1126/science.aba3758 참조

의존하고 있는 혁신을 생각해보면 허락될 만한 수치입니다. 물론 앞으로 더 늘어날 것입니다. 다행인 점은 증가 속도가 줄고 있다는 것입니다. 클라우드 사업자들은 어떻게든 전력 소모를 줄여서 수익성을 높이기 위한 무한 경쟁에 뛰어들었기 때문입니다.

로봇은 일종의 자동화된 전자기계의 상징과도 같은 존재입니
다. 특히 의인화된 로봇처럼 이해하기 쉽고 상상력을 자극하
는 기술의 주인공도 없습니다. 하지만 '자동화된 전자기계'는
그러한 모습이 아니더라도 이미 세상에 쏟아지고 있습니다.

로봇이
사람을 대신하는
세상이 온다

IoT가 산업의
지형을 바꾼다

반도체와 통신 기술이 점점 저렴해지면서 온갖 사물과 현상이 컴퓨터가 되려고 합니다. 우리 생활과 사회에 존재하는 사물이 인터넷에 접속하는 현상, 또는 이를 가능하게 만드는 기술을 IoT라고 부릅니다.

인터넷이란 원래 PC나 서버 같은 컴퓨터끼리 이어지기 위한 연락 망이었습니다. 그땐 인터넷의 사용 주체가 컴퓨터의 사용자, 그러니까 사람이었지요. 그런데 스마트폰처럼 작아진 기기들도 인터넷에 참여하고, 존재감조차 없던 기기들마저 인터넷에 접속하기 시작했습니다.

보일러나 초인종처럼 집의 기간 설비가 인터넷에 접속하기도 하고, 프린터나 카메라처럼 PC의 주변기기라고 여겨지던 것들도 직접 인터넷에 접속하기도 합니다.

여러분 가정의 공유기 설정을 열어보면, 꽤 많은 접속 단말들이 보일 것입니다. 평소에는 생각지도 못했던 기기들이 한자리씩 차지하고 있는 셈이지요.

우리 생활 속 사물이 인터넷에 접속하는 현상, 또는 이를 가능하게 하는 기술을 IoT(Internet of Things, 사물인터넷)라고 합니다. 물질세계에 존재하는 삼라만상이[현장에서는 이를 '씽즈(Things)'라고 부르기도 합니다만] 모두 인터넷에 접속할 수 있다면 흥미로운 일이 벌어질 수 있습니다. 지금까지 사람만 즐겼던 인터넷의 장점이 사물에도 유용해집니다.

우선 인터넷에 늘 접속되어 있기에(이런 상태를 가리켜 올웨이스 온(Always-On)이라 부릅니다) 서로의 안부를 알 수 있습니다. 집의 반려동물은 인터넷을 할 줄 모릅니다. 하지만 밥그릇이 인터넷에 연결되어서 그릇이 비었는지 알림을 보내준다면 애견이나 애묘가 안녕한지는 알 수 있습니다.

이처럼 IoT는 언제 어디서나, 멀리 떨어진 곳에서도 인터넷을 통해 현재의 상태를 알려줍니다. 즉 사물을 통해 현상을 감지할 수 있는 기능이 제공되는 셈이지요. 이는 물리적 현실을 데이터로 디지털화하는 역량을 공간에 가져옵니다. 이것이 바로 '센서(Sensor) 네트워크'입니다.

공장 설비에 문제가 생겼거나, 창문이 열렸다거나, 화단의 흙이 말랐다거나 하는 일상의 '이슈'를 센스, 즉 감지할 수 있게 됩니다. 그리고 감지된 정보를 데이터로 축적합니다. 축적된 데이터는 다시 패턴 학습을 통해 모델로 만들어져 미래 예측에 활용될 수 있겠지요.

인터넷을 통한 기계들의 사교생활은 이미 시작되었다

두 번째로는 인터넷이 지닌 소통 기능이 사물에도 적용될 수 있습니다. 인터넷을 통해 사물을 멀리서 조작할 수 있다면, 반려동물과도 간접적으로 교류할 수 있겠지요. 밥그릇이 비어서 밥을 채우는 일까지 한다면 쌍방향 소통이 가능해지는 셈입니다.

우리가 리모컨으로 해왔던 일들을 인터넷으로 대신할 수 있습니다. 공조 설비나 조명 같은 상품들은 최근에 꽤 적극적으로 인터넷에 접속되고 있습니다. 감지한 온도에 맞춰 바람의 양을 조종한다거나 일출 일몰 시각에 맞춰서 조명을 끄고 켜지요. 이 기능들이 보급형 제품에서도 가능해지고 있습니다.

상태를 감지하고 반응하는 일은 우리가 생활과 업무에서 늘 해왔던 '관리'라는 일입니다. 공장에 이상 징후가 없는지 관찰하고, 비닐하우스의 온습도를 확인하고, 환자의 바이탈을 점검합니다. 결국 IoT는 사람의 일을 덜어주고, 더 잘할 수 있도록 해줍니다.

그리고 이러한 일은 사람의 개입 없이도 진행될 수 있겠지요. 바로 세 번째의 유용성인 사물끼리의 소통입니다. 사람들이 인터넷 속에서 정보를 구성하며 소통하듯이 사물들도 별도의 인터넷을 통해끼리끼리 대화할 수 있습니다. 자율화된 사물인터넷은 인간의 개입을 필요로 하지 않고, 자신에게 주어진 정보 수집과 반응에 매진합니다.

때로는 인간의 인터넷과는 분리된 또 하나의 네트워크를 별도로 만들기도 하는데, 사물은 전자기기와는 달리 크기나 전력 소모 등에서 제각각의 사정이 있기 때문에 맞춤 네트워크가 필요합니다. 교량의 보이지 않는 곳에 설치된 센서등은 배터리를 충전할 수도 없고, 배터리 교체를 매년 하기도 힘듭니다. 건전지 하나만으로 1년 이상은 버텨줘야 운영해볼 만한 구석진 장소가 세상에는 있습니다.

　이렇게 힘들고 벅찬 구석에도 인터넷에 연결된 사물들이 들어가고 있습니다. 반도체만 있다면 네트워크에 연결될 수 있습니다. 가격과 비용이 점점 더 싸지고 있어서 그렇습니다. 만약 가격이 있더라도 얻을 수 있는 데이터의 가치, 관리할 수 있는 대상의 중요성, 그리고 자동화되었을 때의 효용을 고려하면 되도록 많은 일상에 연결하고 싶어지니까요.

▷ ▷ ▷

IoT는 실세계의 정보를 탐지해 축적하고, 이를 기반으로 실세계에 반응합니다. 그리고 이 과정을 자율적으로 자동화하려 합니다. 사람들은 느낄 수 없는 기계들의 사교생활이 이미 시작되었습니다.

IoT와 5G, 기술의 대중화를 선도한다

💬

5G 같은 최신 기술이 발전한다는 것은 이전까지의 기술이 대중화·일상화되고 있다는 뜻이기도 합니다. 그만큼 선택의 폭이 넓어집니다.

인터넷에 접속한다는 일. 말은 쉽지만 고려해야 할 점이 많습니다. 유선인지 무선인지, 속도는 어느 정도면 될지, 소비 전력은 어떤지, 그리고 비용은 얼마나 들지 등입니다. 인터넷 접속을 위한 반도체와 안테나의 단가는 지속적으로 하강하고 있지만, 접속을 위한 설비를 운영하는 일은 저렴하지 않습니다.

사람은 유튜브도 보고 넷플릭스도 봐야 하기에 대역폭이 큰 인터넷, 즉 브로드밴드가 필요합니다. 그러나 기계는 꼭 그렇지만은 않을 수도 있겠다는 생각이 듭니다. 그런데 필요할 수도 있습니다. 사정에 따라 다르겠지만 기계 자신이 콘텐츠 소비를 하지는 않더라도, 실시간 현장 정보처럼 적시의 콘텐츠 생산을 시작한다면 업로드 용량이 많이 필요할 수도 있으니까요.

용량보다 확실한 수요로 반응 속도가 빨라야 한다는 욕구가 있을 수도 있습니다. 움직이는 기계가 0.1초에 얼마나 많이 이동할 수 있는지 생각해보면, 이들이 인터넷으로 조종될 때 0.1초의 지연(遲延)은 치명적일 수 있습니다. 네트워크의 지연을 레이턴시(Latency)라고 명명합니다.

현실 속에 흩어져 있는 사물의 수와 종류는 무궁무진합니다. 이들이 인터넷에 접속하려 든다면, 분명 이들을 네트워크에 일차적으로 접속하게 하는 기지국이나 공유기에서는 폭주가 일어날 수 있겠지요. 동시에 얼마나 많은 클라이언트*를 받아들일 수 있을지 동접(동시접속) 역량도 중요해집니다. 그런 의미에서 대역폭도 중요할 수 있겠지요.

5G, 즉 5세대 이동통신은 지난 4세대 LTE에 비교하면 20배 빨라진 전송속도, 100배 늘어난 전송 가능 트래픽(초고속·대용량), 1/10의 지연시간(초저지연), 단위 면적($1km^2$)당 접속기기 100만 대(초연결)를 자랑합니다(물론 이론적 최댓값이고, 현실에서의 체감은 다를 수밖에 없습니다).

5G가 약속했던 '초고속·초저지연·초연결'을 원하는 수요는 어쩌면 사람이 아니라 스마트시티, 자율주행 등 우리 일상을 둘러싼 IoT에 있을지도 모르는 일입니다.

---

* 네트워크나 서비스를 받는 대상을 고객이라는 뜻의 클라이언트로 일컫습니다.

5G여도 좋고, 아니라도 좋고!

5G가 약속한 미래. 모두 좋은 말들이지만, 이는 어디까지나 공급자 위주의 성장론입니다. 여전히 많은 사람들이 LTE에(심지어 3G에도!) 머무르면서 큰 불편을 느끼지 못하는 것처럼, 꼭 5G가 아니라도 IoT는 가능합니다.

그리고 모든 사물이 5G 칩을 꼭 갖추고 있어야 하는 것도 아닙니다. 거점 지역에 게이트웨이 역할을 하는 중계국만 있다면 와이파이나 블루투스와 같은 흔한 기술이면 충분한 시나리오도 있습니다.

집 안의 LED 조명을 원격으로 조작하는 홈오토메이션에는 지그비(ZigBee)**라는 연합 규격도 많이 쓰입니다. 블루투스 LE(Low Energy)와 더불어 대표적인 저전력 근거리 솔루션입니다.

꼭 5G가 아니어도 되는 이유에는 이미 상용화되어 안정기에 접어든 저전력 광대역도 있습니다. LPWA(Low Power Wide Area) 또는 LPWAN(~Network)이라고 불리는데, 로라(LoRa), 시그폭스(SigFox) 등이 유명한 규격입니다. 국내 통신사에서도 전국망으로 서비스 중입니다. 사람들의 통신망처럼 단말마다 가입해서 비용을 내지만, 워낙 저전력이기에 적어도 1년은 배터리를 갈지 않아도 되는 시나리오를 염두에 두고 있습니다.

이 분야를 소물인터넷(IoST; Internet of Small Things)이라 부르기

** 지그비 얼라이언스(ZigBee Alliance)에는 애플, 구글, 아마존 등이 참여하고 있습니다.

도 합니다. 아무래도 사람들의 무선통신보다는 훨씬 비용이 저렴하지요. 월 최소 금액이 350원까지도 내려가니까요.

▷ ▷ ▷

5G의 기술 혁신은 사물들이 인터넷에 접속하기 위한 제반 조건과 기술들을 발전시키고 있습니다. 다만 현장에서는 5G에 오기까지 함께했던 다양한 네트워크 기술들을 취사선택해서 쓰고 있습니다.

웨어러블 디바이스란
무엇인가?

디지털 감각 기관을 갖춘 센서의 촉수는 우리 사회를 점점 더 뒤덮고 있습니다. 내 몸을 잘 관찰하도록, 우리 스스로 원하고 있거든요. 웨어러블은 착용할 수 있는 IoT, 즉 센서 네트워크입니다.

웨어러블(Wearable)이란 말 그대로 '입을(Wear) 수 있다'는 뜻입니다. 웨어러블 디바이스란 '입을 수 있는 전자정보 기기'를 일컫습니다. 스마트폰이나 태블릿은 손으로 들어야 하고 손가락으로 입력해야 합니다. 결국 양손이 부자유스럽습니다. 그리고 사용자가 주의를 기울이는 동안만 활용됩니다. 온갖 앱들이 수시로 알림(노티)을 보내서 주의를 끌려는 이유는 무엇일까요? 우리의 눈과 손을 기기 앞으로 대령하지 않으면 어떠한 앱도 쓸모가 없기 때문입니다.

때로는 지나치게 주의 환기가 된 사용자의 경우에는 스마트폰에서 눈을 떼지 못합니다. 오히려 안쓰러워 보일 정도입니다. 스마트폰은 혁명이라 일컬어질 만큼 산업과 생활을 뒤바꾸었습니다. 다만 그 모습이 정보기기의 최종 완성형이라고 보기에는 무리가 있습니다. 그런데 몸에 착용할 수 있다면, 적어도 두 손은 자유로워집니다. VR·AR 디바이스는 그러한 의미에서 대표적인 웨어러블이라 볼 수 있습니다.

대표적인 웨어러블은 스마트워치입니다. 스마트워치를 사용하면 스마트폰을 만지는 횟수가 확연히 줄어듭니다. 어지간한 알림은 손목에서 끝나기 때문이지요. 그런데 스마트워치 시장이 커지게 된 계기는 편의 때문만은 아닙니다. 웨어러블만이 제공할 수 있는 새로운 정보가 있어서였습니다. 그 비결은 IoT의 본질인 센서 네트워크에 있습니다.

패션도 결국은 사물. 웨어러블도 IoT의 시야에서 바라볼 수 있습니다. 다양한 센서를 탑재한 스마트워치는 마치 맥을 짚듯(실제로 워치의 센서는 빛을 이용해 맥을 짚습니다) 우리 몸을 관찰합니다. 어쩌다가 병원에 가야 알 수 있었던 생체 신호 스캔을 웨어러블이 항시 수행하게 된 것이지요. 아직 센서의 종류가 충분하지는 않습니다만, 제한된 감각으로 최선을 다해 몸의 이상 징후를 파악해냅니다. 심박수, 심전도, 산소포화도, 혈압 정도가 대중화되었고, 비침습식(피를 보지 않는) 혈당 측정이 가능해진다면 전혀 다른 세계가 열릴 것입니다.

스마트워치의 개념을 구현한 상용제품도 시장에 나온 지 꽤 오래되었습니다. 연 성장률이 무려 30%에 육박할 만큼 폭발적인 성장세에는 건강에 대한 실용성이 대중에게 인정받았기 때문입니다. 한때는 유용한 정보 단말로, 또는 첨단 패션 아이템으로 마케팅 대상이 되었지만, 비좁은 화면으로 제대로 된 정보 처리를 하기에는 무리가 있었지요. 반도체가 잔뜩 들어 있는 두툼한 시계를 멋지게 만드는 일 역시 한계가 있었습니다.

그런데 지금은 GPS와 같은 센서로 나의 위치와 움직임을 감지하고, 핏줄을 비춰 나의 생체 신호를 알아냅니다. 움직이기 시작하면 "운동 중이시군요!"라며 격려하고, 움직임이 너무 없다면 "일어서 기라도 하시지요!"라며 채근합니다. 조금은 건강한 생활을 보낼 것만 같은 느낌을 주기에 최적인 단말이었던 셈입니다.

웨어러블의 최전선

웨어러블이 적극적으로 도입되고 있는 곳이 있습니다. 바로 극한 직업의 현장입니다. 고가의 AR 글래스가 작업 현장*에서 활약하지만, 물류센터와 같은 곳에서는 손목에 차는 형태의 웨어러블만 해도 정보 입출력이 충분합니다. 냉동고 등 위험한 현장에서는 사고 방지에도 유용합니다. 작업자의 심신 상태를 실시간으로 보고할 수 있으니까요. 사람들은 '물류센터 사고의 상당 부분은 웨어러블로 방지할 수 있었겠다'라며 점차 각성하고 있습니다.

몸에 부착된 센서의 힘으로 변화를 일으킬 수 있는 분야가 더 있습니다. 바로 제스처 컨트롤(Gesture Control)입니다. 비좁은 화면을

---

* 3장의 '가상현실과 증강현실을 활용할 수 있는 비즈니스에는 어떤 것이 있을까?' 참조

두꺼운 손가락으로 누르는 대신, 허공 위에 쾌활하게 제스처를 표현하는 모습이 어딘가 미래 지향적입니다. 수화가 훌륭한 커뮤니케이션 도구인 것처럼, 정보를 조작하기 위해 우리 신체를 더 활용할 수 있는 방법을 여러 곳에서 궁리하고 있습니다. 특히 VR처럼 시야를 완전히 가린 상태에서는 어떻게 나의 의지를 정보화할지 숙제가 남아 있습니다.

▷ ▷ ▷

웨어러블은 착용할 수 있는 IoT, 즉 센서 네트워크입니다. '센싱'하기에 가장 보람찬 정보는 바로 우리의 건강, 안녕인가 봅니다. 현재의 시장 성장은 이 분야의 중요성을 알려주고 있습니다.

웨어러블과 클라우드는
어떤 관계일까?

생체에서도, 기계의 네트워크에서도 말단에서의 감각은 중추신경을 타고 흐릅니다. 모던 웨어러블은 센서 네트워크를 클라우드와 연결해주는 일이 주기능입니다.

웨어러블 디바이스는 스마트 디바이스의 일종입니다. 결국 컴퓨터이지요. 손목 위에 놓인 컴퓨터도 어엿한 컴퓨터이기 때문에 클라우드와 관련이 있습니다.

점점 더 많은 디지털 역량이 구름 저 너머에서, 그러니까 멀리 있는 서버에서 처리되고 있는 시대에서는 한 가지 장점이 있습니다. 모든 것이 내 컴퓨터에서 처리되어 완결하는 것이 아니라 클라우드가 나눠서 처리할 수 있으므로, 나의 단말은 가벼워질 수 있습니다. 클라우드는 웨어러블과 잘 어울리는 트렌드입니다.

1980년대에 몸에 착용하는 컴퓨터를 연구하기 시작했습니다. 당시 스마트워치는 육중한 장비가 될 수밖에 없었지요. 요즘처럼 반도체의 미세 설계 기술도 없었고, 많은 처리를 스스로 해내야 한다고 생각했으니까요.

이제 클라우드와 웨어러블이 한 몸이 되어 활약하고 있습니다. 따라서 홀로 실현할 수는 없었던 일 처리를 작은 동체에 어울리지 않는 기억용량과 함께 이뤄낼 수 있습니다. 클라우드를 활용할 수 있다는 것은 곧 음성인식 등과 같은 인공지능의 도움을 받을 수 있다는 뜻이기도 합니다. 내 손목 위에서 내 말을 잘도 받아쓰는 스마트워치의 성공 비결은 클라우드 너머에 있는 인공지능 모듈 덕입니다.

그런 점에서 모던 웨어러블은 센서 네트워크를 클라우드와 연결해주는 일이 주된 기능입니다. 얼핏 단순해 보이는 이 접점에는 무한한 잠재력이 있습니다. 처음에는 피트니스 트래커(Fitness Tracker)＊ 정도의 활용에서 시작해서 건강 일반, 그리고 생활 전체를 아우르는 접점으로 나아갑니다.

스마트워치 시장에서 30%의 압도적 점유율을 보이고 있는 애플워치의 전략도 마찬가지입니다. 특히 애플워치만으로 결제를 끝내는 시나리오가 이미 선진 각국에서는 대중화 단계에 들어서고 있습니다. 아무래도 손목만 내미니 훨씬 편하겠지요. 일본 지하철에서도 무리 없이 활용할 수 있습니다.

똑같은 디바이스라 해도 어느 나라에서 쓰이는지에 따라 쓸 수 있는 기능에는 차이가 있습니다. 즉 어떠한 클라우드가 각 나라에 열

＊ 건강을 위해 내 신체를 추적하는 기능. 오늘 하루 얼마나 움직였는지 측정해 데이터를 축적하면서 동기부여를 합니다.

려 있는지에 따라 차별되고 있습니다. 여기에는 다양한 사정이 있지요. 때로는 지역에 따라 다른 규제일 수도 있고, 때로는 시장의 우선순위가 밀렸을 수도 있습니다. 한국의 애플 제품들은 애플페이를 쓸 수 없는 것 이외에도 애플 지도가 선진 각국의 것과 품질이 다릅니다.

애플 제품을 사면 애플 TV+ 등을 1년간 무료로 이용할 수 있었습니다. 그런데 국내에서는 프로모션이 진행되던 시기에 애플 TV+가 들어와 있지 않았습니다. 그러니 그저 남의 일이었습니다(100여 개국에서 출시된 후 2년이 지나서 국내 론칭을 하기는 했습니다. 하지만 이 혜택은 이미 사라진 후였지요).

이처럼 모든 전자기기는 클라우드 서비스와 일심동체가 되고 있습니다. 클라우드 서비스가 준비되어 있지 않다면 반쪽짜리 제품이 될 수밖에 없습니다. 동일한 제품을 같은 돈을 주고도, 때로는 더 많이 내고도 불완전 제품으로 구입하지만 이를 모르기도 합니다. 써 보지 않으면 효용을 모르고, 모르면 아쉽지 않으니까요.

통신 기능보다 중요한 클라우드

웨어러블에서 클라우드는 필수이지만, 통신사에 의존한 통신 기능은 필수가 아닙니다. 정확히 말하자면 블루투스나 와이파이 같은 기본적인 근거리 통신 기능만 있으면 5G나 LTE 또는 LPWAN과 같은 원거리 통신 기능은 클라우드와 연계하는 데 필수가 아닙니다.

웨어러블, 그리고 많은 IoT는 예측 가능한 권역 안에 있기 때문입

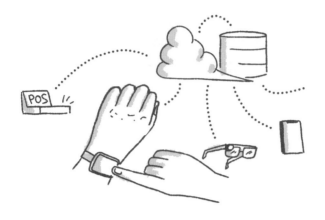

스마트 디바이스는 클라우드를 통해 하나로 연결됩니다.

니다. 웨어러블은 늘 스마트폰과 가까이 있지요. 그렇다면 스마트폰의 5G·LTE를 활용하면 됩니다. 많은 센서 장비를 현장에서 쓴다고 하더라도 기지국으로 삼을 만한 장비만 한 대 가까이에 있다면, 그 허브만 인터넷에 물려 있으면 됩니다.

개별적인 통신 기능은 이처럼 대체할 수 있습니다. 그래서 어떠한 클라우드에 접속해서 서비스를 받을 것인지, 그리고 서비스가 준비되어 있는지가 오히려 더 중요합니다.

▷ ▷ ▷

웨어러블과 같은 스마트 디바이스는 인터넷을 통해 더 많은 기능을 클라우드로부터 받아옵니다. 만약 클라우드가 준비되지 않았다면 그 기능은 쓰지 못하게 될 것이고, 거꾸로 처음엔 없던 기능이 클라우드가 준비되면서 늘어날 수도 있습니다.

드론이 음식을 배달하는 시대가 올까?

네트워크에 연결된 기계가 할 수 있는 일은 의외로 많습니다. 다만 이동하는 낯선 물체를 바라보는 시민의 마음도, 스스로 움직이는 사물을 고려하지 않은 거주 환경 어느 쪽도 준비는 되어 있지 않아 보입니다.

드론이 음식을 배달하는 시대는 이미 도래했습니다. 드론이 전쟁도 하는 시대인데, 배달쯤이야 가뿐하지요. 무인 공격기는 원격지에서 조이스틱으로 조종되어 정밀 타격을 합니다.

원래 정찰용으로 개발되던 무인기에 공격 기능이 탑재된 것은 2000년의 일입니다. 오바마 정권 때 맹활약했지요. 본토에서 드론을 조종하는 군인들은 프로게이머 출신이 리크루트되기도 했습니다. 트라우마에 괴로워하다가 퇴임하고서 내부 고발을 한 군인 덕에 그 실상이 알려졌습니다. 게임을 하는 감각으로 전쟁을 하는, 마치 SF 같은 현실은 논쟁을 일으켰습니다.

표적 제거를 위한 전쟁용 드론의 경우에는 사람이 최종 발사를 판단합니다. 화면으로 보이는 전장은 게임 화면처럼 해상도가 무뎌질

구글 계열사 윙(Wing)의 드론. 꽤 본격적인 모양새를 지니고 있습니다.

수도 있겠지만, 그래도 개개인에게 심적 부담을 줍니다. 아무리 해
상도를 낮춰 게임처럼 보이더라도 화면 속의 '표적'이 캐릭터가 아
니라 꿈, 가족, 인생이 있는 사람이라는 점에서 달라지지 않습니다.

드론에는 스스로 날아서 자율적으로 활동할 수 있는 기술이 도입
되어 있습니다. 우리 머리 위를 날고 있는 민생용 드론만 봐도 알 수
있지요. 군사기술이 키운 많은 민생기술 중에 드론을 빼놓을 수 없
습니다. 최근에 목격되는 것은 드론이 대개 스스로 움직이는 모습
이지요. 2018년 평창올림픽 개막식에서 하늘을 수놓았던 1,218대의
드론쇼*도 제각각 맡은 안무가 프로그래밍되어 있었습니다.

---

* 평창에서는 인텔의 슈팅스타라는 기종이 활용되었습니다. 보통 1명의 담당자만 있어도 진행이
  가능합니다. 실은 개막식 중의 생방송은 아니었고 녹화방송이었습니다(CG는 아닙니다!). 그 이유
  는 드론은 추위와 강풍 등 날씨 변화에 약하기 때문입니다.

이미 현실이 된 드론 배달

구글을 거느린 지주회사 알파벳의 자회사 중에 윙(Wing)이라는 회사가 있습니다. 2017년부터 호주, 미국 버지니아, 핀란드에서 드론 실험을 해오고 있습니다. 2021년 여름, 10만 회의 배달 실증 실험을 마치고, 대형 마트에서 집으로 직배송하는 서비스를 시작했습니다.

대형 쇼핑몰의 옥상을 드론 포트(港)로 활용해서 이륙하고, 물건을 문 앞이나 주차장에 내려줍니다. 착륙할 필요도 없이 동아줄을 내려 물건을 떨어뜨립니다.

드론은 2~3kg 정도의 무게만 나를 수 있지만, 배달에 소요되는 시간은 10~15분에 불과합니다. 그러니 음식 배달에 아주 유용합니다. 우버이츠에 비해 90%나 싸질 수 있다고 합니다(컨설팅 회사인 딜로이트의 추산으로는 50% 비용 절감이라고 합니다). 사용법은 우리가 흔히 쓰는 배달 앱과 같습니다. 다만 라이더가 아닌 드론이 배달해준다는 점이 다르지요.

드론은 유통에 큰 변화를 가져올 수 있습니다. 배달 가격은 저렴해지고, 배송 속도는 줄어듭니다. 아마존도 이 분야에 진심입니다. 아마존은 이미 미국 연방항공청(FAA)으로부터 무인 배송 드론 '프라임 에어' 운항 허가를 받았습니다. 그들은 '주문 후 30분 내 배송'이 목표입니다.

그렇지만 하늘을 나는 드론이 우리 일상에도 쉽게 녹아들지는 아직 의문입니다. 호주나 미국처럼 땅덩이가 넓은 교외라면 모를까, 인구밀도가 높은 지역, 특히 도심부에서는 집에서 하늘을 보는 일마저 쉽지 않으니까요. 하늘은 편리하면서도 두려운 공간입니다. 드론이 구름 떼처럼 몰려다니면서 하늘을 사유화하는 일을 누구도 원치 않겠지요.

특히 우리나라의 주거지 상공에는 장애물이 많아서 드론 배달이 쉽지 않아 보입니다. 하늘 아래에 어디든 사람이 있으니 드론이 추락이라도 하면 인적 피해가 상당하겠지요. 게다가 우리나라는 아파트 등 집단 주거 형태라서 물건을 떨어뜨려 놓을 드라이브웨이가 없습니다. 그렇다면 창문 너머로 물건을 전달해야 할 텐데, 동선 설정 자체부터 어려워 보입니다.

게다가 소음 문제도 있습니다. 드론이 촬영한 영상물은 소음을 지운 뒤라 우리가 간과하는데, 드론이란 참으로 시끄러운 기기입니다. 소음에 민감한 동네에서 본격적으로 상용화**하기가 쉽지 않겠지요. 그래서인지 '배달의 민족'은 하늘보다는 땅이라는 듯, 자율주행형 배달 로봇을 실험하고 있습니다. 아직 단차가 없는 평지에서만 움직이지만, 건국대와 광교의 한 아파트에서 실험한 결과가 나쁘지 않아 보입니다.

코로나19로 비대면의 요구는 커지고 있습니다. 가장 힘든 단계는

** 하지만 2021년 8월 규제 샌드박스 사업 내에서 드론 배송이 상용화된 적이 있습니다. 도미노피자 세종보람점~세종호수공원 구간입니다. 세종시는 드론 실증도시·특별자유화 구역으로 선정되었습니다.

마지막 전달 과정입니다. 우리가 흔히 '라스트 마일(Last Mile)'이라 부르는 유통의 마지막 단계에 드론이 활약함으로써, 사람이 마음 편히 빠져도 되는 미래가 이미 그려지고 있습니다. 드론 배달의 기술은 꾸준히 연구되겠지요. 여전히 가장 비싼 비용은 인건비이니까요. 이미 매장에서 서빙을 하는 로봇은 각종 프로모션과 함께 절찬 상용화 중입니다.

▷ ▷ ▷

한국에서 하늘을 나는 배송 드론을 쉽게 보기는 힘들 겁니다. 다만 천천히, 하지만 어느 날 갑자기 자동 기계에 의한 배송이 찾아올 수 있습니다.

우리 사무실에도
로봇은 이미 있다

로봇은 사지가 달린 인간의 모습을 하지 않을 수도 있습니다. 소프트웨어 로봇처럼 눈에 보이지 않는 로봇은 이미 우리 곁에 있습니다.

IT는 지금까지 일터와 작업 풍경을 지속적으로 변화시켰습니다. 사무실도 공장도 컴퓨터가 대중화되면서 꽤 많이 바뀌었지요. 공장자동화는 물론이고, PC 등 당시 신기술을 사무자동화(OA; Office Automation)라 불렀음을 생각해보면 IT 혁신의 본질은 사람이 반복적으로 하던 일을 자동화시키는 데 있었습니다.

인공지능처럼 대단한 신기술이 아니라 자동화만으로도 일이 줄어드는 체험을 할 수 있습니다. 엑셀 등 오피스 제품만 써봐도 경험할 수 있는 느낌이지요. 원고지에 글을 쓰고 장표나 장부를 수기로 작성하던 시절이 불과 한 세대 전입니다. 기업 종사자라면 사무자동화가 가져온 생산성 향상의 위력을 모두 알고 있을 겁니다.

한편 사람만큼 융통성이 있거나 유연하지는 못해도, 주어진 일을 묵묵히 24시간 해내는 공작 로봇은 점점 더 많은 작업장에서 모습을 드러내고 있습니다. 공장의 규모가 커지고 고도화될수록 로봇의 비중은 점점 늘어납니다.

산업용 로봇은 익숙하지 않은 이름의 화낙(Fanuc), 야스카와(Yaskawa), ABB, 쿠카(Kuka) 등 전문 기업이 반수 이상을 차지하며 시장을 이끌고 있습니다만, 전체 시장은 연평균 26%의 초고속 성장을 해내고 있습니다. 심지어 코로나19와도 무관했습니다. 손으로 해온 일을 자동화하는 일. 이것이 로봇의 첫 번째 임무였습니다.

소프트웨어 로봇이 온다

로봇이라고 해서 반드시 하드웨어의 모습을 할 필요는 없습니다. 디지털 노동(Digital Labor)이라는 신조어가 세계적으로 유행하고 있습니다. 앞으로 더 많은 부가가치가 디지털의 형태를 지니면서 지금까지 없었던 노동이 만들어지고 있음을 나타내고 있습니다.

디지털 위에서의 노동은 필연적으로 디지털의 본질인 자동화를 거머쥔 이들에게 유리합니다. 지적(知的) 업무도 이제는 거의 디지털 위에서 벌어지고 있습니다. 종이로 처리하던 일들도 이제는 화면으로 많이 넘어갔지요. 일이 곧 데이터 처리가 되고 있습니다. 데이터에 기반을 둔 일련의 업무 흐름은 이제 자동화할 수 있게 됩니다.

컨베이어 벨트 위의 처리 대상을 로봇이 집어 제 일을 하고 내려놓으면 다시 사람이 봐줍니다. 이처럼 사람이 업무 흐름이나 프

각 담당자의 PC 속
작업을 자동화

서버나 클라우드에서
데이터와 업무를
자동화

RPA는 소규모로 PC마다 돌릴 수도 있고, 중앙에서 총괄 자동화를 할 수도 있습니다.

로세스 위에 디지털화된 서류나 장부를 태우면, 로봇이 단순 작업을 대신해줄 수도 있습니다. 이것이 바로 RPA(Robotic Process Automation, 로봇 프로세스 자동화)라 부르는 영역입니다.

로봇은 인간의 행동 중에서 반복 행동을 흉내 낼 수 있습니다. 사무직 RPA 로봇은 인간처럼 데이터를 모으고 앱을 조작합니다. 보통 하급 직원들이 했던 반복적인 PC 조작, 그러니까 루틴 작업이라 일컫는 일을 대행할 수 있습니다. 각 담당자의 PC에서 도는, 일종의 매크로 같은 처리지요. 특화된 작업에 대해서 업무 자동화가 가능합니다.

이처럼 PC 수준의 RPA가 아니라, 더 본격적으로 서버 단위 또는 클라우드 수준에서 업무를 가로지르며 관리해주는 솔루션도 있습니다. 현재의 RPA 시장은 마치 산업 로봇을 도입하듯 제품을 도입하는 형태를 지니고 있습니다. 따라서 모두 자사의 RPA 솔루션을 도입하면 모든 일이 자동화될 것처럼 이야기하지만, 그보다는 각 기업에서 무엇이 병목이 되어 생산성이 하락 중인지를 알아볼 필요가 있습니다.

일반론으로는 파견이나 외주로 처리하던 단순 반복적인 업무들이 RPA의 대상이 되기에 적합합니다.

▷ ▷ ▷

로봇은 공장처럼 사무실도 바꾸고 있습니다. 당분간은 시행착오가 계속되겠지만 비용 대비 효과가 증명되는 순간, 확산은 가속화될 수 있습니다.

로봇이 사람을 완벽하게 대체하는 시대가 올까?

기계가 인간을 완벽하게 대체할 리는 없겠지요. 다만 그런 생각을 하는 사이, 어설프게 하나둘 지금 나의 일을 가져갈 수는 있습니다. 결정적인 일, 결정하는 일 모두 당분간은 사람의 몫으로 남아 있겠지요.

　로봇과 인공지능은 부분적으로는 이미 사람을 대체하고 있습니다. 경우에 따라서는 자동화만으로 완벽하게 대체되기도 하지요. 그렇지만 아직은 상당히 제한적이고 협소합니다. 수도 없이 반복되면서 패턴이 파악된 업무라면 자동화해도 괜찮습니다. 그런데 기계는 융통성이 없으므로 인간 작업자의 유연성을 흉내 내기에는 한계가 있습니다. 얼마 전 SNS에서 로봇 청소기를 판매하는 점원이 매장 바닥을 대걸레질하고 있는 사진이 돌아 웃음을 자아낸 적이 있습니다.

　하드웨어나 소프트웨어가 스태미나가 좋고, 불평이 없고, 월급을 줄 필요가 없어도 결국은 사람의 손이 필요합니다. 그럼에도 기업이 로봇 노동력에 관심을 두는 이유가 있습니다.

　우선, 노동력이 부족해서 그렇습니다. 고되고 단순한 노동일수록 신규 노동시장 진입자들은 이를 기피합니다. 숙련을 통해 삶을 성장시키던 고도성장기는 어느새 지나갔습니다. 오히려 힘든 일에 고착될까봐 회피하는 실정입니다. 여기에 저출산 고령화로 인구 구조가 급변하면서 신규 노동력 부족은 당면 과제가 되었습니다.

현재 노동력에도 과제가 있습니다. 2021년 OECD 통계에 의하면 한국의 시간당 노동생산성은 38개국 중 27위로 하위권입니다. 야근 등 생산성이 높지 않은 초과근무가 많고, 그 결과 업무 집중력이 떨어진다는 것입니다. 이는 구미 선진국의 일터와 비교해봤을 때 여실히 드러납니다.

만약 단위 시간당 부가가치를 높이기 위해 반복 노동에 로봇을 투입한다면 노동자 1인당 노동생산성은 올라가겠지요. 업무 자동화로 인재 부족을 해소하면서도 생산성을 향상시킬 수 있으니 사회적 동

OECD 2021년 통계에 따른 시간당 노동생산성(근무시간당 GDP)

우리의 시간당 노동생산성은 너무 낮습니다.

기부여가 생기는 것은 당연한 일입니다.

사람이 일을 고르다가 기계가 그 일을 다 가져갈지도 모르는 세상을 향해 우리는 나아가고 있습니다.

결정은 인간의 몫

부조리하다고 생각되는 사법적 판결이 기사로 드러나면 관련 기사에는 이런 댓글이 달립니다. '판사를 차라리 인공지능으로 바꿔버리자'라고 말이지요. 판례를 중시하는 재판이라면 AI 판사는 그리 불가능한 일도 아닙니다. 그런데 문제는 사람들이 기계적 정의나 자동화된 공정함을 요구할수록 정치적 리더십조차 로봇으로 대체하자는 의견이 나올 수 있다는 것입니다. 공상이 아니라도 말입니다.

정치가들은 심한 변덕을 부리거나 때로는 사리사욕, 자기도취에 빠져 추태를 보입니다. 편협한 가치관의 발로로 지역감정, 더 나아가서는 지정학적 위기를 초래하기도 합니다. 인류 역사의 참혹한 사건들을 보면 권력을 쥔 인간이 벌인 비극이 반복된 것입니다. 기계의 버그 정도는 우스워보일 만큼, 독단적 인간이 빚어낸 폐해였습니다. 그렇다면 예측 불허의 지도자보다 차라리 기계가 더 합리적인 의사결정을 내릴지 모른다는 기대를 국민이 하는 때가 올 수도 있습니다.

뛰어난 데이터 분석 능력으로 대중의 의견을 청취하고, 윤리적인 면에서도 두드러진 에러가 없는 기계. 수많은 갈등에도 평정심을 유지하며, 첨예한 사회적 문제와 정책에 대한 답을 데이터를 통해 도출해낼 수도 있을 것입니다.

그러나 로봇 지도자는 아직은 SF일 수밖에 없습니다. 왜냐하면 기계는 사람이 만드는 것이니까요. 완벽한 기계를 불완전한 사람이 만들기는 힘듭니다. 개발자의 편향이나 데이터의 왜곡이 반영된, 어설픈 인공지능이 만든 촌극은 심심치 않게 뉴스화됩니다.

설령 완벽한 알고리즘을 만들었다고 하더라도 국민의 중지(衆智)가 늘 옳다는 보장도 없겠지요. 민중은 의외로 편협하고 자신의 정의(正義)에 취해 폭주하기도 합니다. 평균적인 국민의 뜻을 모은다고 하더라도, 그것이 옳다는 보장은 없음을 역사가 반복적으로 알려줍니다.

인간은 한계를 지닌 동물이기에 우리를 상징하는 인물을 뽑고 책임을 지우게 하고 싶은 것이지요. 나쁜 결정을 한 인간을 욕하고, 좋은 결정을 하던 이를 그리워하면서 인류는 교훈을 얻어왔습니다. 결정적인 일, 결정하는 일 모두 당분간은 사람의 몫으로 남아 있겠지요.

▷ ▷ ▷

로봇은 이미 인간을 대체하고 있습니다. 그런데 로봇에게 마룻바닥 청소를 시킬 수는 있지만, 화장실 청소를 시킬 수는 없습니다. 정작 결정적인 일은 여전히 사람의 몫입니다.

디지털 전환(DT: Digital Transformation, DX)이라는 키워드가 각 기업의 화두가 될 만큼, 기업은 기술이 가져온 변화에 절실합니다. 기업은 무엇을 준비해둬야 할까요?

기업 생존에
기술은
필수다

엔터프라이즈 애플리케이션이란 무엇인가?

기업에서 쓰이는 디지털 기술, 후방 전산실을 넘어 이제는 기업의 최전선에서 활약하려 합니다. ERP는 대표적인 기업용 소프트웨어 중 하나로 각광받은 범주입니다.

엔터프라이즈 애플리케이션이란 기업에서 발생하는 회계 관리, 재무 관리, 판매 관리, 생산 관리, 재고 관리, 인사 관리 등 관리 역할을 하는 애플리케이션을 가리킵니다. 전통적으로 '전산(電算)'이라고 지칭되던 부문이 처리해주던 일이라고 생각할 수도 있습니다.

애플리케이션(Application)은 '응용' 프로그램을 말합니다. 이를 줄여 말한 앱(App)은 주로 스마트폰용을 말하고, 길게 풀어 말하면 PC나 서버용을 말하는 식으로 정착된 듯합니다.

엔터프라이즈 애플리케이션 소프트웨어는 다양한 기업 현장에서 자동화를 통해 관리해야 할 자원을 최적화해 왔습니다. 그 자원은 때로는 시간이었을 수도 있고, 상품 재고였을 수도 있고, 인재였을 수도 있겠지요.

ERP(Enterprise Resource Planning)는 대표적인 기업용 소프트웨어 중 하나로 각광받은 범주입니다. 회계나 조달 등 필수적인 기업 업무를 모듈화해서 도입하거나 구축하는 식의 프로젝트를 진행했는데, 대개 회사 내에 대형의 중앙 데이터베이스를 주둔시키고 여기에 다양한 업무를 설계해 붙이는 방식이었습니다.

오라클이나 SAP 같은 전문 기업의 제품을 도입하지만, 각 안건은 개별 기업의 요구 사항을 반영하는 식으로 전문 컨설턴트들이 투입되어 조율되곤 했기에 도입 비용이 적지는 않았습니다. 하지만 정보를 일괄 관리해서 투명성과 가시성을 높일 수 있다는 장점이 있었기에 규모가 있는 기업들은 효율을 보고 도입했습니다.

예전에는 ERP라고 하면 전체 통합형이 상식이었습니다. 그러나 근래에는 각 업무 단위별로 쪼개져서 도입되는 컴포넌트형이나 아예 업무를 따로따로 분리해서 활용하는 클라우드형도 인기를 끌고 있습니다. 업무를 분리해서 사용하면 그저 업무의 모음이고 정보를 일괄 관리하기가 쉽지 않지만, ERP의 완전한 도입에 드는 시간과 비용에 주눅이 든 기업들이 늘고 있기에 이러한 틈새는 점점 커지고 있습니다.

믿을 수 있는 제품을 고르는 일도, 이를 기업 현실에 맞게 구축해 주는 인력을 찾는 일도 쉬운 일이 아닙니다. 그에 상응하는 시간과 자금의 투입도 뒤따르는데, 그 성과가 회수되기 전에 시장이 바뀔까 전전긍긍하는 일도 많습니다. 워낙 변화가 심한 시기답습니다.

기업 시스템도 유행에 따라

상당한 업력과 규모가 있는 대기업에서는 보통 '기간(基幹, Backbone)계 시스템'이란 기업용 애플리케이션을 활용합니다. 대개는 ERP 이전에 사내에서 자체 개발되거나 외주에 특별 주문한 전용 소프트웨어이지요. 각 기업의 비즈니스 모델과 현장의 구미에 맞게 만들어져서 맞춤 양복 같은 느낌이었습니다.

그러나 아무래도 유행에 뒤떨어지기 마련입니다. 정보를 일괄적으로 관리하기 위해서는 전사에서 관리되어야 할 다양한 자원들과 이어져 계획을 하는 역할을 해줘야 하는데, 즉 ERP(전사 자원 관리)를 해줘야 하는데 이 점에서 적당히 유연하지 못했기 때문이지요.

그래서 ERP의 일대 붐이 분 셈입니다만, 이 또한 대개 구미(歐美)의 비즈니스 관습에 기초하고 있어서 현장의 사정과 다른 일들이 많아 우여곡절이 많았습니다. 도입한 ERP 그대로를 글로벌 스탠더드라며 받아들이고 업무 프로세스를 바꾸면 좋겠지만, 심리적으로도 쉬운 일이 아닙니다. 결국 뜯어고치는 프로젝트를 장기간 거치면서 프로젝트가 끝날 무렵에는 종래의 기간계 시스템과 무엇이 다른지 알 수 없는 시스템이 납품되는 일들이 종종 있었지요.

그리고 그러한 프로젝트가 끝나자 이번에는 SaaS 클라우드 위에서, 다양한 시스템들이 모여 그곳에서 각각의 기업 업무가 연동되는 비전이 그려지고 있습니다. 구축해서 도입하는 것이 아니라 필요한 만큼 구독해서 쓰는 방식들도 늘고, 이를 전문으로 하는 솔루션들이

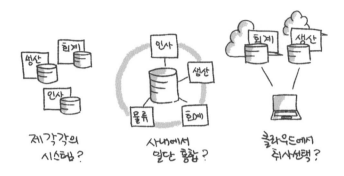

제각각의
시스템?

사내에서
일단 통합?

클라우드에서
취사선택?

엔터프라이즈 애플리케이션도 트렌드와 유행을 겪습니다.

창업되고 있습니다.

근래에 시스템끼리 연동하는 방법이 표준화되고 또 간편해지기도 했습니다만, 복잡하고 거대한 시스템을 도입해도 생각처럼 쓸모가 있지는 않으니 새로운 방법으로 다시 해보자는 수요가 생겨났기 때문이지요.

이처럼 IT 트렌드는 주기적으로 변화를 겪습니다. 변화의 동력은 많은 경우, 먼저 도입한 이들이 겪는 좌절이지요. 니즈(Needs)와 페인(Pain)이 충분히 축적되면, 이를 해소하기 위한 아이디어는 머지않아 등장합니다. 출렁이는 파도가 생기는 셈입니다.

▷ ▷ ▷

엔터프라이즈 애플리케이션은 기업의 다양한 업무를 처리하는 소프트웨어입니다. 기업 활동에서 쓰이는 자원을 일괄 관리하기 위한 ERP가 대표적입니다. 유행이 지난 종래의 기간계 시스템도, 유행하려고 하는 SaaS 클라우드 업무 특화형 시스템도 모두 엔터프라이즈 애플리케이션이지요. 각각의 장단점이 있기에 유행은 뜨고 집니다.

기업에서 쓰는 IT에도
구세대와 신세대가 있을까?

우리 회사의 디지털 기술, 그 역사를 살펴보면 공부가 됩니다. 기업 IT에도 세대가 있습니다. 1세대는 메인프레임, 2세대는 닷컴붐 무렵 절정을 맞은 유닉스와 PC의 시대입니다. 이제 3세대가 시작하려고 합니다.

기업 안에서의 IT 역사는 길다면 길고 짧다면 짧습니다. 1964년 세계 최초의 메인프레임 S/360(System/360)이 IBM에서 출시되면서 항공사 예약시스템에 사용된 것이 기업 전산화를 개막한 포문이었습니다. 거대하고 육중한 주전산기는 달 착륙에도 활용되었습니다. 역사적인 대형 컴퓨터를 구동한 헤비급 운영체제 OS/360은 멀티태스킹*의 복음을 세상에 알렸습니다.

또한 여러 대가 네트워크로 연동하는 등 모던한 기능을 지니기도 했습니다. S/360은 이후 370, 390 등으로 이어지는데, 지금은 모든

---

* 지금은 윈도 같은 개인용 OS 및 스마트폰에서도 당연시되는, 여러 처리를 동시에 하는 일을 말합니다.

컴퓨터에서 당연시되는 VM(Virtual Machine) 가상화** 기술도 원래는 이 큰 기계 안에서 여러 기계를 쓰기 위해 대중화된 기술이었습니다. 그 후계기인 z시리즈(z/OS 탑재)는 지금까지도 기업 현장에서 활용되고 있습니다. '엔터프라이즈 컴퓨팅의 1세대'라 불려 마땅한 메인프레임. 놀랍게도 노장은 여전히 살아 있습니다.

그렇지만 기세는 예전과 같지 않겠지요. 메인프레임 사용처는 금융권 등 국내에 열 군데 정도로 줄었습니다. 그나마도 21세기로 넘어오면서 대다수 은행이 조금 더 가벼운 서버들로 이행하기 시작합니다. 이러한 트렌드를 현장에서는 '다운사이징(Down-sizing)'이라고 불렀습니다. IBM의 메인프레임 대신 유닉스(Unix)***나 아예 오픈소스 리눅스로 이행하기 시작했지요. 마지막 남은 메인프레임 고객인 KB국민은행도 2025년을 목표로 다운사이징에 착수했다는 소식이 들립니다.

다만 이행 과정이 순탄하지만은 않습니다. 곳곳에서 많은 성장통을 겪었고, KB국민은행의 경우도 한때 금융지주회장과 행장 간에 이행을 둘러싸고 내홍이 벌어지기도 했습니다.

** 4장의 클라우드에 대한 설명 참조
*** 1970년대부터 개발되기 시작해 닷컴붐 때 정점에 이른 운영체제. 메인프레임과 달리 연구 분야에서 많이 쓰였고 벨 연구소의 위대한 업적 중 하나로 여겨집니다. 유닉스는 HP, IBM, 그리고 지금은 오라클에 인수된 썬 등 다양하게 상용화되었습니다. 지금의 맥OS나 iOS도 일종의 유닉스의 파생품입니다. 학계의 자유로운 성격상 다양한 곳에서 활용되었고, 리눅스(Linux)도 그 이름처럼 유닉스의 파생상품에서 시작되었습니다.

기업 생존에 기술은 필수다 >>>

다운사이징은 왜 이렇게 힘든 일일까?

IT에는 "고장 나지만 않으면 고치지 않는 편이 좋다"라는 잠언이 있습니다. 메인프레임은 주로 코볼(COBOL)이라는 업무 처리 언어로 개발하는데, 업무를 기술(記述)해서 적어 놓기에는 꽤 효율이 좋은 언어였습니다. 하지만 모든 프로그램이 그냥 새로운 시스템에서 돌아가지는 않습니다. 호환성이 없기 때문이지요. 특히 코볼처럼 한 시대에 고착된 언어는 범용성이 떨어집니다.

그래서 대개 '새 술은 새 부대에'라는 마음가짐으로 새로 개발합니다. 이러한 프로젝트를 한국에서는 흔히 '차세대' 프로젝트라고 일컫고, 수천억 원 규모의 초거대 프로젝트로 부풀어 버리기도 합니다. 다운사이징은 가뿐한 어감입니다만, 그 뒤에는 지루한 재개발이 예고된 고난의 행군이었습니다.

수십 년 전에 만든 업무가 지금도 변하지 않았다면 그대로 써도 무방하겠지요. 하지만 스마트폰의 등장, 경영 환경의 급변 등으로 업무 자체가 변하고 또한 업무를 제공해야 하는 주체도 다변화되고 있습니다. 예전처럼 검은 바탕에 녹색 화면이 나오는 '터미널'**** 을 대상으로 만든 업무는 한계가 있기 마련입니다.

때는 바야흐로 PC를 넘어 스마트 단말의 시대로 넘어가고 있기

****전산 단말이란 뜻입니다. 3270, 5250 등 전용 터미널을 쓰던 시대가 있었고, 이를 PC 위에서 프로그램으로 돌리던 시대가 있었습니다.

때문이지요. 1세대는 이제 다음 세대에게 양보해야 할 때가 오고 있습니다. 코볼을 개발하던 역전의 노장들이 다 은퇴해서 유지 보수가 힘들어진 것도 하나의 이유였습니다.

하지만 그렇게 시작한 수많은 차세대 프로젝트들의 예후가 그렇게 좋지만은 못합니다. 큰돈을 들였고, 실패 또한 많았습니다. 업무의 개발 속도가 1세대보다 못하다는 핀잔도 들었지요. 더 큰 문제는 수년에 걸쳐 완료한 차세대가 끝나자마자 또다시 새로운 세대가 시작되었다는 것이지요.

3세대의 새로운 공급업자들이 온다, 'GAFAM' 시대의 벤더들

💬

GAFAM은 해외 주식에서만 필요한 단어가 아닙니다. 우리 회사의 디지털 기술이 이들에 의존하고 있지 않다면, 유행에 뒤처져 있는 것일지도 모르니까요. 유행이 꼭 좋은 건지는 모르겠지만….

구글, 애플, 페이스북, 아마존의 GAFA, 그리고 여기에 마이크로소프트까지 더해져서 GAFAM* 또는 빅 파이브라고 불리는 테크 기업이 끼치는 영향력은 일반 소비자에게만 머물지 않습니다.

근래 어떠한 기업들도 그들의 영향력에서 벗어날 수는 없습니다. 그들이 지금 각 기업에서 가장 인기 있는 디지털 자재 공급업자, 즉 벤더(Vendor)가 되었기 때문입니다. 기업이 모바일 앱을 만들든 인공지능을 학습시키든 클라우드를 준비하든, 필요한 도구도 미리 마련해야 하는 자재도 대부분 GAFAM이 제공하고 있는 시대입니다.

---

* 페이스북이 메타로 사명을 바꾸면서 GAFAM이라는 용어에도 변화가 요구되었습니다. 내친김에 구글의 G도 모회사 알파벳으로 바꾼 MAMAA가 제안되기도 했습니다만, 아직 널리 쓰이지는 않습니다.

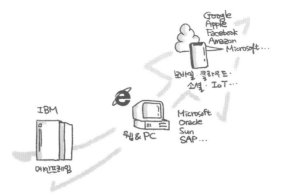

전산 자원을 제공하는 벤더에도 1세대, 2세대, 3세대가 있습니다.

이제 디지털을 공부한다는 일 자체가 GAFAM이 제공하는 기술을 공부한다는 말과 동의어가 되고 있습니다. 스마트폰에서 도는 수많은 앱을 짜기 위해 구글의 안드로이드와 애플의 iOS를 공부하고, 그들이 미는 코트린(Kotlin)이나 스위프트(Swift)라는 언어를 공부해야 합니다. 머신 러닝을 구축하려면 구글의 텐서플로를, 아니면 페이스북의 파이토치를 배워야 합니다. 클라우드를 대비한다는 말은 아마존의 AWS, 구글의 GCP(Google Cloud Platform), 마이크로소프트의 애저 관련 책을 사서 읽는다는 뜻이 되었습니다. 3세대 벤더들이 등장하고 어느새 기술 분야를 점령한 셈입니다.

지난 세대만 해도 그 역할은 마이크로소프트나 썬, 오라클, SAP 등의 2세대 업체들이 차지했었습니다(그런 면에서 보면 마이크로소프트는 유일하게 세대를 넘나드는 '디지털 전환'을 성공한 기업으로 인정할 수 있습니다). 그 시절은 마이크로소프트의 닷넷과 썬(오라클에 인수)

의 자바를 배워 '차세대' 기업 시스템을 구축했었지요. 그들이 극복해서 뛰어넘으려 했던 1세대는 바로 IBM을 중심으로 하는 메인프레임이었습니다.

하나의 세대는 꽤 뚜렷한 사회적 변화와 함께 찾아옵니다. 2세대의 개막은 PC의 등장으로 시작해, 인터넷과 웹에서 피크에 도달했습니다. IT가 일상화되면서 기업 업무에도 전산이 당연시된 것은 지역마다 차이는 있습니다만, 1980~1990년대로 볼 수 있습니다. 개인용 컴퓨터, 즉 PC가 본격적으로 화이트칼라 사무직원들에게 보급되면서였지요.

이전 1세대에도 어느 정도 규모가 있는 기업들은 주전산기나 메인프레임을 전산실에 설치할 수 있었지만, 기계 자체도 서비스 비용도워낙 고가였습니다. 유닉스의 등장, 그리고 PC의 염가화로 약간의노력만으로도 전산을 접할 수 있게 되자 각종 혁신이 쏟아졌습니다. 그중 대표적인 것이 웹브라우저의 등장이었고, 그 결과 닷컴붐**에까지 이르렀습니다. 1990년대는 PC가 일부 마니아들의 사치품에서 가정의 필수재로 홍보되기 시작한 때였습니다. 또 Y2K***처럼새로운 세대를 재촉하는 외적 요인이 작동하기도 합니다.

**　세계적으로 닷컴 버블이라고 불리던 이 시기는 1995년에서 2000년 초까지로, 나스닥이 400%나 치솟았고 PER은 200까지 부풀었습니다. 그 후 비틀거리던 주식시장은 2002년 정점으로부터 78%나 폭락하면서 막을 내렸습니다.

***　2000년 문제. 두 자릿수로 연도를 표시하던 시스템이 2000년 네 자리를 맞이하게 되면 갑자기 고장 나면서 사회 전체가 폭주할 것이라는 우려를 지칭합니다. 실재하는 문제였지만 다소 과장된 면도 없지는 않았습니다. 다만 이 두려움은 시스템을 개비하려는 움직임으로 작동하기는 했습니다.

3세대로 본격적으로 개화된 디지털 IT 자재 공급업

닷컴 버블이 터진 뒤 2000년대 초반, 그리고 리먼 사태의 금융 위기까지 이어지면서 디지털 IT는 마치 숨을 고르는 듯, 혹은 겉보기에는 침체한 듯 보이기도 했습니다. 소프트웨어 엔지니어가 기피 업종이라고 언급될 만큼 이공계 기피론의 시기이기도 했습니다.

하지만 기술의 잠재력은 물밑에서 끓어오르고 있었습니다. 스마트폰 혁명이 아이폰에 의해 시작되면서 또 한 번의 중흥이 시작되었기 때문입니다.

2세대가 남긴 웹과 PC의 등장이라는 변화가 오늘날 일상이 되었듯이 3세대는 소셜미디어, 모바일, 사물인터넷, 클라우드, 인공지능 등 전 세대에서는 미처 상상하지 못했던 변화를 사회에 심고 있습니다. 그리고 달라진 시대의 건설에는 새로운 도구와 새로운 자재가 필요한 것은 당연한 일. 그 사실을 이제 일반 기업도 깨닫기 시작했습니다.

▷ ▷ ▷

벤더는 사회와 기업이 필요로 하는 생산 자재를 공급합니다. 디지털 생산 자재도 마찬가지입니다. 지금 빅테크 플랫폼 기업에서 관심을 뗄 수 없는 이유는 그들이 디지털 혁신에 필요한 원자재를 공급하는 강력한 주 벤더가 되었기 때문입니다.

디지털 트랜스포메이션이란 무엇인가?

절체절명의 대전환기, 변신의 찬스 앞에 기업이 서 있습니다. 이에 성공한 기업은 성장하고, 실패한 기업은 쇠락하는 적자생존의 디지털 정글. 모두 조바심이 나니 트렌드가 만들어집니다.

디지털 트랜스포메이션은 말 그대로 '디지털 전환'이라 번역되기도 합니다만, 기업 현장에서는 DT 또는 DX라는 약어로 쓰이기도 합니다. 'DT 추진실'처럼 아예 조직을 마련한 곳도 있고, 기업 문화의 일환으로 체질화하려는 곳도 있습니다. 많은 기업이 디지털 트랜스포메이션을 당면 과제로 여기고 있는 것만큼은 사실입니다.

이처럼 변화를 선동하는 표어는 조직에서 주기적으로 유행합니다. '전산화나 IT나 같은 것 아닌가? 우리 다 하지 않았나?' '차세대 프로젝트를 한 번 더 하자는 것인가? 또 하나?' 이 정도로 생각하기 쉽습니다. 물론 이 정도의 의미로 디지털 트랜스포메이션이란 용어를 활용하는 곳도 있겠지만, 많은 곳에서는 훨씬 더 심각한 분위기에서 이 용어의 힘을 빌리고 있습니다.

기존 방식으로는 응할 수 없을 정도의 격심한 변화가 찾아왔다는 실감, 그리고 제품에서 비즈니스 모델까지 대전환이 있지 않으면 위험하다는 위기감을 느끼는 곳이 늘고 있어서입니다. 그 배경에는 각종 디지털 기업의 융성이 있습니다. 시가총액 면에서도 이미 지배적인 국내외 플랫폼 기업들의 영향력은 모든 기업에 파고들고 있습니다. 여기에 급성장을 거듭하고 있는 각 업계의 스타트업도 무시하기 힘듭니다.

그 규모에 상관없이 언제 갑자기 손안의 앱을 무기로 삼은 디지털 업태에 의해 대체될지 모르는 일입니다. 그리고 이미 벌어지는 일입니다. 평온하게 유지해온 비즈니스 모델, 이를 교란해서 혼돈을 야기하고 틈을 내고 니치를 찾아 성장하려는 이들은 오늘도 호시탐탐 시장의 왕좌를 노리고 있습니다.

우습게만 보였던 작은 기업도 하루아침에 역전을 일으킬 수 있습니다. 최종 소비자에게 직접 다가갈 방법이 그들에게도 있기 때문입니다. 종래의 사업에서는 정착된 가치사슬을 갑자기 무시하며 중간에 치고 들어와 현직을 대체하기란 힘든 일이었습니다. 각 업계에는 그 업계의 방식과 관례가 있었기 때문이지요. 하지만 이 모든 것을 무시하며 관통하고 돌파해 들어와 수요와 공급을 직접 연결한다면, 심지어 수십 년의 경험과 체계로 이를 유지해온 대기업조차 얼마든지 우회해버릴 수 있습니다.

특히 코로나19로 인해 시장에는 외적 교란이 발생하면서 종래의 사업 방식이 그야말로 대혼란을 맞이했습니다. 마찬가지로 혼란스

러운 소비자들은 손에 쥔 스마트폰에 의존하기 시작합니다. 소비자의 디지털 전환은 이미 시작되었습니다. 이에 기업이 놀라는 것도 당연한 일입니다.

디지털 트랜스포메이션의 공식

전환은 목적이고, 디지털은 수단입니다. 가끔 목적을 깊이 생각하지 않은 채 각종 솔루션만 도입하고 끝나는 경우를 목격합니다. 디지털을 통해 현존의 비즈니스를 그대로 개선하는 덧셈이 아니라, 사업의 완전한 방향 전환 혹은 급격한 성장을 일으키는 일이 필요한 시기입니다.

디지털은 곱셈의 성장이 가능합니다. 기하급수적인 성장을 가능하게 하는 잠재력이 현재 쏟아지는 관심의 비결이기도 합니다. 그런데 곱셈의 값이 커지기 위한 중요한 인수가 있습니다.

『디지털 트랜스포메이션 필드 매뉴얼(박수정, 김국현 공저)』에서 이야기한 디지털 트랜스포메이션의 공식을 참조해봅시다.

$$DT = (Geek + Data) \times Business$$

'기크'*라고 불릴 만한 '디지털 인재'들을 사내에서 어떻게 키우거나 영입하는지, 그리고 디지털의 연료로 삼을 데이터를 어떻게 모으고 만들지에 따라 비즈니스 모델과 성과도 달라집니다.

이것이 새로운 게임의 진행 방식이라서 그렇습니다. 그간 전부 외주를 주었기에 디지털 인재도 없고, 이미 완성된 가치사슬에 공급만 했을 뿐 데이터도 쌓이지 않고 있었다면 이제는 슬슬 미래를 걱정해야 할 때가 찾아오고 있습니다.

▷ ▷ ▷

디지털은 수단이고, 전환이 목적입니다. 전환은 방향 전환도 있지만, 수십 배의 성장처럼 상향으로의(혹은 슬프게도 하향으로의) 급전환도 있습니다. 그 차이를 만드는 곱셈의 인수가 기크와 데이터입니다.

＊ 프로그래머처럼 디지털을 잘 다루는 이들을 칭하기도 합니다만, 굳이 우리 사회에서 더 흔하게 유행하는 단어로 옮기자면 디지털에 탐닉하는 '덕후'에 가깝습니다. 엔지니어는 아니더라도 디지털을 어떻게 활용하면 차이가 생기는지 알고, 또한 그 변화가 좋아서 이에 천착하는 인재가 의사결정 과정에 있는지 없는지에 따라 기업의 향배는 꽤 달라집니다.

애자일이란 무엇이고, 왜 하는 것일까?

디지털 세상을 주름잡는 기업들은 하나같이 가공할 생산성을 보여줬는데, 그 비결에는 어떤 특유의 문화가 있었습니다. 애자일은 급변하는 환경에 민첩하게 적응하는 시스템을 만들기 위한 방법으로 대유행 중입니다.

애자일(Agile)은 '민첩한, 기민한, 경쾌한, 가벼운, 활기찬, 재빠른' 등의 뜻을 지닌 형용사이지요. 애자일 방법론, 애자일 개발, 애자일 조직 등 소프트웨어 개발을 둘러싼 다양한 현장에서 새롭게 일하는 방식을 나타내는 말로 쓰이고 있습니다.

새롭게 일하는 방식이라고는 하지만, 본격적인 유행이 2001년에 발표된 애자일 소프트웨어 개발 선언(Manifesto for Agile Software Development)에서 시작된 것이니 짧은 역사는 아니네요. 소프트웨어란 그때까지만 해도(실은 많은 곳에서 지금까지도) 건축이나 토목 방법론에 의해 개발되곤 했습니다. 철저하게 절차를 중시하고, 시방서나 사양서와 같은 설계를 우선시하며, 한 번 정해진 계획을 철저한 스케줄에 의해 지켰습니다. 이를 흔히 워터폴(Waterfall, 폭포수)

이라고 합니다. 상류와 하류가 있어서 상류의 기획이 하류의 공정으로 이어지는 방식이지요.

가야 할 목표가 확실하고 방법에 자신이 있으면, 이러한 상의하달 식(톱다운 식) 수행도 나쁘지 않고 성공 사례도 많습니다. 흔히 말하는 프로젝트 관리의 간트 차트(Gantt Chart)*, WBS(Work Breakdown Structure)**는 수많은 공장과 공사 현장의 다양한 공정에서 활용되고 있습니다. 어떤 공정에도 미비가 있어서는 안 되고, 일정을 거슬러 올라가는 것은 있을 수 없는 실패라는 가정이 뒤따릅니다. 당연한 일이지요. 인테리어가 들어가야 하는데, 골조에 문제가 있음을 깨닫는 일은 누구도 하고 싶지 않을 테니까요.

그런데 소프트웨어는 하드웨어와 다르다는 점을 깨닫기 시작했습니다. 시작하자마자 몇 주 만에 바로 입주가 가능한 뼈대***를 만들어 보여주기도 하고, 심지어 완성 후에도 얼마든지 업데이트로 새 골조를 교체해버리기도 합니다. 건설 현장처럼 진척 상황이 눈에 보이지 않기에 개발자들이 무엇을 하는지 모르겠지만, 어느 날 갑자기 완성되어 버리기도 하고 어느 곳에서는 아무리 세월이 흘러도 완

---

* 각 일정을 막대기로 표시하고 각각의 관계를 표시할 수 있어서 폭포수를 그리기에 적합합니다. 헨리 간트가 무려 100년 전인 1919년에 잡지에 발표해서 이름이 붙었습니다만, 그전에도 이미 쓰던 사람이 있었다고 하네요.

** 현장에서는 작업 단위 구조라고 불립니다. 간트 차트에 들어갈 만한 각각의 업무를 식별하면 보통 트리 형식으로 구성할 수 있겠지요.

*** MVP(Minimum Viable Product, 최소 기능 제품). 많은 스타트업들은 이 수준의 제품을 만들고 투자를 유치합니다.

성될 기미가 보이지 않기도 합니다. 어딘가 근본적으로 다른 방식의 공학이라는 점을 느끼기 시작한 셈이지요.

더 큰 문제는 정해진 절차를 따르면 소프트웨어 그 자체가 목적이 되어버려, 완성은 했으나 지나고 나니 무엇을 위해 쓰기 위한 것이었는지 의미를 잃는 일마저 발생한 것입니다. 수천억 원의 차세대 프로젝트를 끝냈으나 업무도 비즈니스도 달라지지 않은 공허함에 빠지는 일이 목격되곤 했습니다. 큰일이었습니다.

애자일은 곧 경영의 각성

애자일은 이러한 상황에 대한 대안으로 등장했습니다. 소프트웨어는 그 자체가 완수될 수 없는, 살아 있는 생물 같은 것이었습니다. 키우고 관리해야 하는 일. 특히 디지털 전환기의 소프트웨어는 건조물이나 생산라인처럼 수동적으로 활용되기보다 재무나 경영처럼 사업 수행의 실질적인 주인이 되려 하고 있었습니다.

빅테크 기업과 스타트업에서는 소프트웨어 프로젝트의 완료가 없습니다. 오히려 시장에 출시된 다음부터가 진짜 승부입니다. 끊임없이 '적응'해 나가야 하니까요. 말 그대로 적자생존. 이 적응을 위해 소프트웨어 개발 과정은 절차가 아닌 문화, 즉 개개인이 대화를 통해 만들어가는 것이라는 각성을 겪게 되고, 이 깨달음에는 의미가 있었습니다. 복잡해진 세계. 미리 완벽하게 계획된 가치를 묵묵히 구현하는 것이 아니라, 환경에 적응해가면서 함께 가치를 찾아가는 일이 소프트웨어 개발이라는 깨달음이 바로 애자일이었습니다.

다양한 애자일의 방식이 있습니다만, 그 성과는 모두 같습니다. 그것은 바로 '기민한 적응'입니다. 기본적으로 조금씩 만들어보고 시장의 평가를 받고 다시 고치는 일을 무한 반복합니다. 처음에는 보잘것없어도 단련의 순환을 거치고 나면, 더 탄탄하게 적응된 산출물이 나오게 됩니다.

애자일이 인기를 끌고 있다면 아마도 그러한 성과물들이 시장을 바꾸기 시작하고 있음을 깨달은 것이겠지요.

기크의 내재화란
어떤 개념일까?

애자일의 방법론, 그 문화는 하나의 조직 안에서 함께 일할 때 발휘될 수 있습니다. SI에서는 좀처럼 힘든 일이라는 각성과 함께 기업들은 기크의 내재화에 매진하고 있습니다.

　　애자일은 전 세계적으로 유행했습니다. 그도 그럴 것이 급성장한 테크 기업들이 문화적 비결로 든 내역에는 애자일, 혹은 그와 흡사한 일하는 방식이 있었기 때문입니다. 애자일은 변화하는 환경에, 그리고 급히 성과를 내야 하는 조직에 잘 맞았습니다. 일견 경영자들만 좋아할 것 같지만, 창조자의 주체성을 중시한다는 면에서 개발자들과 같은 엔지니어도 수용할 수 있었습니다.

　　그런데 문제는 애자일의 전제는 구성원이 한 팀으로 공통의 목표를 가지고 일한다는 데 있었습니다. 환경에 적응하기 위해 다시 반복하는 방식, '이 산이 아닌가? 그럼 다시 저쪽 언덕을 올라보자!'라는 구호는 상호에 대한 신뢰가 있지 않으면 파국으로 내달리기 쉽습니다.

조직에는 필연적으로 평가가 뒤따릅니다. 점진적으로 반복하면서 개선한 그간의 과정에 대해 함께 인정하고, 조직이 그 역사를 중시할 것이라는 믿음이 있지 않다면, 환경에 눈을 감고 시키는 일만 해내고 털어버리는 편이 마음 편하다고 생각하게 됩니다.

특히 한국처럼 소프트웨어 개발을 외주로 처리해왔던 풍토에서는 더욱 그렇습니다. 대기업·공기업 등 IT의 수요를 감당할 만한 한국의 많은 대형 기업군들은 기본적으로 시스템이나 소프트웨어를 건축물과 같은 자산으로 인식했습니다. 따라서 업체를 선정해 발주를 하고 건조(建造)가 필요하면 인력을 외주로 사왔습니다. 그룹사들의 경우에는 이 과정을 전문적으로 다루는 계열사를 두는 것이 관례였습니다.

그렇다 보니 마치 계급처럼 다단계식 피라미드가 생기고, 정작 실제로 코드를 짤 수 있는 엔지니어들은 피라미드 하층부를 전전하는 일들이 21세기 초반까지도 벌어지곤 했습니다. 이러한 업계 또는 개발 방식을 한국에서는 SI(System Integration)*라고 통칭해서 부릅니다. 서로에 대한 신뢰가 법인 간 계약에 의해 유지되고 있는 환경에, 특히 정작 구현하는 몫이 임시직 파견직원에게 할당된 상황에서는 애자일이 기능할 리가 없습니다.

---

* 분명한 외래어입니다만, 정작 외국에서는 말 그대로 시스템을 하나로 통합한다는 뜻일 뿐, 한국과 같은 맥락과 의미로는 쓰이고 있지 않습니다. 이러한 하청과 외주, 계열사 간의 관계가 낳은 IT 문화는 상당히 독특한 한국적 문화입니다. 건설의 도급 문화와 비슷한 시스템 구축 방식이 횡행하는 곳으로는 일본 정도를 들 수 있습니다.

빨리 일을 끝내고 수금한 뒤, 발주처에서 탈출해 복귀하는 것이 목표가 될 수밖에 없는 일. 여기에 아무리 환경에 대한 적응을 이야기하고, 처음부터 다시 해보자고 이야기해봐도 마음이 가지 않습니다. 개선을 위한 무한 반복이라니, 있을 수 없는 일입니다.

많은 기업 현장에서 사용자들은 개발 프로젝트 중에는 아무런 생각이 없다가 프로젝트 완료 보고회에서 처음 시스템을 보면 아이디어가 샘솟습니다. 그간 아무런 생각이 없었지만 프로젝트가 끝났다니 앞으로 정말 내가 써야 할 시스템, 모처럼 간만에 고개 들고 바라보니, 그 첫인상이 내 생각과 다른 것이지요. 하지만 이제 의견을 내봐야 외주업체들은 손사래만 칩니다. 어찌어찌 손을 봐주면 다행이지만, 마음이 상하거나 심지어 소송까지 가기도 합니다. 실제로 수도 없이 반복되는 일들입니다. 애자일을 거론할 수 있는 분위기가 전혀 아니지요.

그리고 구현자가 도망가듯 전부 빠져나간 시스템이 사용자와 잘 '적응'할 리가 없겠지요. 건축물처럼 관리인 한두 명이 빌딩을 관리할 수 있으면 좋겠지만, 건축물과 달리 살아서 움직여야 할 시스템은 오픈부터 제대로 된 관심과 손길을 필요로 합니다.

돈은 돈대로 쓰고, 굳어버려서 제 기능을 못하는 IT 시스템은 한국 기업 경쟁력에 문제가 되기 시작했습니다. 장기적인 안목으로 시스템을 보살피며 적응시켜 나갈 수 있는 안심할 수 있는 장기적 관계가 없었기 때문입니다.

애자일의 본질은 혁신의 내재화

디지털 시대에 성장하는 기업들에는 한 가지 공통점이 있습니다. 기크라고 말할 수 있는, 디지털에 빠진 창작자들을 조직 안에 확보한 곳들뿐입니다. 그것은 바로 '내재화'입니다.

현재 전 세계 기업들은 소프트웨어 개발자를 확보하는 일에 골머리를 앓고 있습니다. 현장 경험이 있는 이들은 기크들을 초빙하기 시작한 기업들에 흡수되어 가고 있기 때문입니다.

애자일도 그리고 디지털 트랜스포메이션도 모두 기본적으로 이렇게 확보하고, 또한 사내에서 육성한 디지털 인재, 기크들이 한곳에 모여 같은 비전을 볼 때 비로소 가능한 일들입니다. 뒤늦게 많은 기업이 이 사실을 깨달았기에 당분간은 공급자 위주의 시장이 될 것 같습니다. 소프트웨어 개발자를 필두로, 다양한 종류의 기크들의 몸값은 치솟고 있습니다.

▷ ▷ ▷

세상을 움직이는 디지털 시스템은 위에서 시키는 일을 외주 줘서는 좀처럼 만들어지지 않습니다.

- ▢ ✕

데브옵스란 어떤 것인가?
정말 운영자가 사라질까?

데브옵스는 그간 분리되어 있던 '만드는 일'과 '지키는 일'을 하나로 통합하려 하고 있습니다. 그 비결은 바로 소프트웨어. 많은 사람의 일이 소프트웨어로 대체되고 있고, 현장의 운영자 수는 점점 줄고 있습니다.

기업의 전산 업무는 전통적으로 두 갈래로 나뉘곤 했습니다. 여전히 두 직군으로 구분하는 현장도 있지요. 바로 SI와 SM입니다. SI는 앞서 살펴본 바와 같이 실제 구축을 하는 역할이라면, SM(System Management)은 관리와 운용을 맡습니다. 한국의 많은 대기업들은 SI가 개발을 담당하고 SM에 인계하는 식으로 시스템을 도입해왔습니다. 한국식 용어를 쓰지는 않지만, 세계적으로도 시스템 운용은 개발만큼이나 큰 수고가 드는 일이었습니다.

시스템이 뻗기라도 해서 벌어질 일을 생각하면 긴장도 되고, 책임감도 막중하지요. 상품을 판매하는 사이트는 시스템 장애 때 초 단위로 손실되는 매출을 계산할 수 있습니다. 만약 해킹이라도 발생해서 고객 정보가 유출된다면 그 손해는 걷잡을 수 없어집니다. 운용이란 고된 일입니다. 그래서 보수적이기도 합니다.

변화의 출렁임이 다소 잔잔하던 시절에는 공들여 개발된 시스템을 운용으로 인수인계하는 과정도 시간을 두고 할 수 있었습니다. 그러나 지금 같은 속도전에서는 하루에도 여러 차례 시스템을 갱신해야 할 때가 있습니다. 개발과 운용의 긴밀한 협업이 필수적으로 된 것이지요.

비효율을 기술의 힘으로 극복하다

새로운 기능을 추가하고 싶은 욕구가 있는 팀과 이미 있는 것을 안정적으로 보호하고 싶은 욕구가 있는 팀은 반목이 생기기가 쉽습니다. 조직 간에 벽이 생기고 소통이 힘들어지는 현상을 사일로(Silo)화라고 합니다. 곡식을 담아 놓는 큰 타워, 즉 사일로는 내용물이 섞이지 않겠지요. 이와 대비되는 개념으로 파이프라인이 있습니다. 합류하고 흐르게 하는 일이 파이프라인입니다. 사일로 대신 이 파이프라인을, 더 나아가 서로 이어져 가치가 회전하는 사이클을 만들려는 노력이 생겨나기 시작했습니다.

데브옵스(DevOps)라는 트렌드는 개발(Dev, Development)과 운용(Ops, Operations) 측이 대립하지 않고, 하나 된 팀으로 기능하기 위해 필요한 도구 및 조직문화를 이야기했습니다. 그 덕에 근 몇 년간 기업 현장의 유행어가 되었습니다. 더 나아가 운용이라는 일, 과연 사람이 수작업으로 계속 하는 것이 합리적인 일인지까지 고민하

데브옵스는 개발과 운영을 하나의 일체로 순환하게 하는 것이 목적입니다.

는 이들이 늘기 시작했습니다. 따라서 근래의 데브옵스는 개발자가 아예 운용까지 소프트웨어로 다 처리해버리도록 하자는 움직임으로 넘어가고 있습니다.

시스템의 배포(Deployment)*, 버전 관리, 모니터링 등을 전부 소프트웨어로 짜서 자동화시켜 사람들이 손수 만져야 하는 일들의 비중을 줄여나갑니다. CI(Continuous Integration)/CD(Continuous Delivery 또는 Continuous Deployment)**라는 트렌드는 그 노력을 지칭하는데, 기억해둘 만합니다. 소프트웨어를 짜는 족족 자동으로 배포 준비해두어서 이를 비즈니스의 의사결정에 따라 항시 시장으로 밀어 넣을 수 있도록 자동화하는 절차를 말합니다.

＊ 소프트웨어를 기계에 설치하는 일.
＊＊ 개발된 산출물을 자동으로 통합하고 배포 또는 시장에 전달하는 일.

빅테크 기업은 운영자 한 명이 관리하는 서버의 대수가 엄청납니다. 수치는 계속 변하고 대외비이긴 합니다만, 수천 대에서 만 대까지 이르기도 합니다. 이 일이 가능해진 것은 소프트웨어로 많은 일이 자동화되었기 때문이지요.

▷ ▷ ▷

만드는 사람 따로, 관리하는 사람 따로? 한 시대의 부조리와 비효율을 기술의 힘으로 벗어나려 하고 있습니다.

디지털 헬스케어로
병원이 사라질 수도 있을까?

병원을 사라지게 하는 것은 누구의 목표도 아닙니다. 다만 지금의 의료 현장이 최선의 완성형이 아니라면 기술이 개선할 수 있는 부분은 많습니다.

'디지털 헬스케어로 병원이 사라질 수도 있는가?'라는 질문은 SF적 상상을 유발합니다. 이 질문은 '그런 미래가 정말 가능할 수도 있지 않을까?'라는 생각이 들게 하네요. 만약 내과 질환을 예측해서 캘린더 스케줄로 넣을 수 있다면 어떨까요?

"귀하의 유전자 분석 및 신체 스캔 결과, 현재의 생활을 그대로 유지하시면 5년 뒤 오늘에는 당뇨에 걸리고, 9년 뒤 크리스마스에는 암에 걸립니다."

만약 모든 외과 수술이 로봇 캡슐 안에서 시행된다면 어떨까요? 캡슐 안에 들어가면 로봇의 촉수가 뻗어 나와 다양한 수술을 집도합니다. 아마도 주치의는 클라우드 너머에 있는 사람이거나 인공지능일 수도 있겠지요. 이 캡슐은 외제 고급 세단 정도의 가격으로 떨어지고 부유층의 상징이 됩니다.

사회지도층이 집단 시설인 병원에 가는 일이 줄면서 병원은 줄어들고, 아픈 몸을 이끌고 캡슐을 찾아다니는 주인공의 이야기는….

네, 여기까지는 어디까지나 자유롭게 공상해본 미출간 SF급 스토리라인일 뿐입니다. 그런데 이 공상이 허황된 이야기만은 아닙니다. 병원이 앞으로도 '최선의' '최후의' 의료 방식이라는 보장은 없기 때문입니다.

전 국민 건강보험이 정착된 한국은 병원 문턱이 비교적 낮습니다. 그런데 아무리 길거리에 병원이 많아진다고 해도 국민들이 자연스럽게 건강해지는 것은 아닙니다. 병원은 치료 기관이기 때문입니다. 병원은 건강한 사람들에게는 보이지 않았던 시설이지요.

건강과 질병의 경계선은 늘 명확하지 않습니다. 서서히 진행됩니다. 그래서 자각 증상은 없고, 한 번 걸리면 치료가 힘든 질환이 현대인을 괴롭힙니다. 주기적으로 전 국민에게 시행되고 있는 건강검진도 만성질환을 예방하고자 도입된 것입니다. 사회적 비용을 줄이기 위해서이지요.

건강하다고 생각하는 상태를 유지하게끔 하는 일, 그러니까 치료에서 예방으로의 '패러다임 전환'은 보건의료가 해내야 할 중대한 사회적 과제가 되고 있습니다.

지금은 65세 이상 인구가 전체의 20% 남짓이지만 2050년 무렵에는 절반이 될 것으로 예상합니다. 고령화 속도는 가파릅니다. 집중적으로 건강 관리되어야 할 대상의 총량은 커지고, 이는 재정적 부담을 초래할 수밖에 없습니다. 건강 관리의 부담을 병원 밖으로 시급히 해방해야 하는 셈입니다.

비대면 원격, 그리고 데이터

미국과 중국에서는 의료의 테크화가 한창 진행 중입니다. 병원 문턱이 비교적 낮은 한국과 달리 미국과 중국은 병원 문턱이 높고 또 멀기 때문에 이를 해소하기 위한 원격 의료가 확장되고 있습니다. 평안굿닥터, 징둥헬스, 알리건강, 아마존케어, 월마트 헬스케어 등이 활약 중인데, 유독 전자 상거래 회사들의 진출이 두드러집니다. 원하는 '건강'을 골라 쇼핑하게끔 추천하고, 그 진단과 처방까지 물류적 관점에서 해소해줄 수 있을 것이라는 자신감 덕이겠지요. 모두 데이터를 다루는 일에 일가견이 있는 이들입니다.

만약 진료 기록이 클라우드에 기록된다면, 마치 나의 금융 거래를 내가 통합해서 관리하듯이 내 진료의 역사를 일괄적으로 조망할 수 있습니다. 그리고 데이터로부터 최소한의 경향을 파악할 수도 있겠지요. 한국은 전자의무기록(EHR) 보급률이 다른 나라보다 꽤 높지만, 데이터의 주인은 아직 개별 보건 당사자들이 아닙니다.

일본은 'PeOPLe(Person centered Open Platform for well-being)'이라는 개인 건강 데이터 통합플랫폼을 구축 중입니다. 미국은 자신의 의료 정보를 다운로드받아서 공유할 수 있는 '블루 버튼 이니셔티브(Blue Button Initiative)'를 보건 산업계와 연방정부 사이의 파트너십으로 추진 중입니다.

언제 어디서나 본인의 건강 데이터를 조회할 수 있다면, 적어도 지금의 생활에 어떠한 리스크가 있는지를 일깨우는 역할도 할 것입니다. 그리고 취합된 바이오 빅데이터는 익명화를 거쳐서 향후 신약 개발이나 인공지능 훈련 용도로 활용될 수도 있겠지요. 이에 동의하지 않는 이들도 있겠지만, 나의 아픔이 누군가의 희망이 될 수 있다면 내 신체 신호를 쾌척하는 시민들은 충분히 있을 것입니다.*

한국의 경우도 공공 입장에서 데이터의 중요성을 인지하고 빅데이터 생태계 구축을 추진하고 있지만 민간은 뜨뜻미지근합니다. 현재의 전자의무기록은 종이 차트 전산화라는 당면 과제에서 서둘러 보급되어 왔기에 개별 의원마다 서로 다른, 그리고 대개는 영세하고 진보되지 않은 시스템을 사용하고 있는 실정입니다. 그 수준을 탈피해야 했던 대형병원은 나름대로 독자 개발했지만 그럴수록 의료계 안에는 수많은 버전의 시스템이 난무하게 됩니다. 즉 상호운용성 및 표준화라는 IT의 혜택을 입지 못하는, 말만 전산화인 상태로 지금까지 운영되고 있는 것이 실상입니다. 그 덕에 시민들은 의원을 옮겨다닐 때마다 '한 이야기를 또 하고 검사를 새로 받아야 하는' 일이 벌어지고 마는 셈이지요.

보건복지부에서는 2020년부터 전자의무기록 인증제도 운영 고시

---

* 공익 목적과 의료기술 개발을 위해서라면 본인의 의료 정보를 제공하겠다는 비율은 이미 80% 이상입니다(4차산업혁명위원회 국민인식도 조사, 2020년).

를 제정해 표준데이터 활용 활성화 및 상호호환성을 확보하고자 노력하고 있습니다. 하지만 환자의 의료 정보를 취합하는 것을 넘어 상호연동을 하는 일에 대해 개별 병원은 별 인센티브를 느끼지 못하고 있습니다.

뒤늦은 한국의 디지털 의료 혁명

한국은 의료계의 반대로 원격 및 비대면 의료가 답보 상태입니다. 의료계의 걱정이 이해가 갑니다. 비대면이 완벽할 리가 없으니까요. 의사의 촉진과 감이 영상통화 너머의 작은 화면에서는 느껴질 수 없습니다. 그러다 보니 오진 위험도 뒤따릅니다. 하지만 기술은 그 품질을 점점 높여줄 것이고, 의사의 감각을 보완해줄 센서가 도입되겠지요.

지금의 대면 진료에서 환자가 의사를 만나는 시간은 정작 몇 분이나 될까요? 결국 보건의료도 시간의 함수입니다. 그 시간을 1분이라도 늘릴 수 있다면 효용이 없다고 말할 수 없습니다. 적시에 의견과 처방만 내려졌어도 달라질 수 있었던 예후는 많으니까요.

정작 걱정하고 있는 것은 디지털이 다른 산업계에도 가져오고 있는 혼돈과 지각 변동이 의료계에 벌어지는 일이겠지요. 그러나 오히려 비대면 의료는 코로나19와 같은 상황에서는 동네 의원에게 기회가 될 수도 있습니다.

오로지 대형 의료기관만이 코로나19 대응의 최전선이 되어버린 상황이라 병상 부족으로 의료 현장은 신음하고 있습니다. 중증으로 가기 직전까지도 집에서 별다른 치료 없이 사실상 방치되는 케이스도 발생하고 있습니다. 병원은 널려 있지만 병원에 갈 수 없는 일이 실제로 벌어지고 있는 셈입니다. 감염 후 재택치료 상태에서도 의료진의 주기적인 대응이 요긴합니다. 그런데 원격 비대면의 시스템에 대한 고민이 없었으니 이 부분은 텅 빈 상태입니다.

▷ ▷ ▷

모두 '건강'이라는 하나의 목표를 위해 애를 쓰고 있어도 각자의 입장과 목소리는 다를 수 있습니다. 그럼에도 불구하고 모두가 건강할수록 모두가 득이 되는 제도 설계가 필요한 시점이겠지요.

왜 애플과 구글은
헬스케어에 여념이 없을까?

디지털 헬스케어 시장은 이제 막 개막했습니다. '퍼스널' 혁명을 추진해온 기술 기업은 개인에게 가장 절실한 정보인 의료 또한 조금 더 '퍼스널'한 것으로 만들고 싶어 합니다.

디지털이 우리 사회에 야기하고 있는 변화는 모든 산업에 각자의 산업이 의존하고 있는 현장과 실무에 대해 의심하게 만듭니다. 의료 또한 병원에만 존재하는 것이 아니라는 깨달음을 의료 소비자가 느끼기 시작했습니다. 결국 의료계도 느끼겠지요. 이 각성은 이미 애플과 구글 같은 소비자 친화적인 테크 기업을 움직이게 하고 있습니다.

애플 워치가 잘 팔리는 이유는 패션 아이템으로 활용되는 시계로써의 매력 때문만이 아닙니다. 건강한 생활에 조금이나마 도움이 될 것이라는 건강 관리의 수요가 커서 그렇습니다. 심박수와 심전도를 체크하고, 운동량에 따라 나를 채근하고 독려합니다. 최신 버전의 애플 워치는 낙상도 감지합니다. 그래서 낙상 상황이 발생했을 때

긴급 신고도 할 수 있습니다.

애플 워치의 버전이 올라갈수록 사람들이 관심 있어 하는 것은 '어떠한 건강 센서가 탑재되었는지' 여부입니다. 사람들은 애플 워치로 혈압과 혈당 체크가 가능할지 유심히 지켜보고 있습니다. 비침습식 무채혈 혈당 체크 기능은 대사증후군 환자 및 만성 질환 예비군들에게 희소식이 되겠지요.

애플은 수사 기관과도 늘 각을 세웁니다. 그러면서 프라이버시를 중시하는 기업 이미지를 유지합니다. 애플은 보건의료 시장 진출을 앞두고 프라이버시를 중시하는 이미지가 무척 중요하다는 것을 알고 있기 때문입니다.

이미 애플은 '애플 헬스'라는 기치 아래 소비자의 건강 정보를 수집·축적하고 있습니다. 우리의 활동량, 수면 패턴 등을 수집하고, 애플 워치를 통해 수집된 정보를 저장하고 있습니다. 애플은 이제 EMR 의료 기록도 미국, 캐나다, 영국 등을 필두로 아이폰에 통합하기 시작했습니다. 이제 안전한 아이폰 안에 내 의료 기록이 들어 있고, 이를 의료진에게 안전하게 전달할 수 있게 됩니다.

플랫폼은 그 위의 소비자들이 자신에 의존해야 합니다. 그리고 '건강'처럼 그 의존성을 절실하게 만들 수 있는 얼개는 그리 많지 않습니다.

개인 의료 정보의 시대

프라이버시 철옹성하에 소비자를 보호하는 애플의 이미지가 구글에는 없습니다. 대신 구글은 지주회사인 알파벳 아래의 수많은 혁신 기업들이 공통된 기대치를 설정합니다. 바로 인공지능을 통해 새로운 혁신의 공공선을 실현하는 일입니다. 알파고의 딥마인드는 단백질 접힘 구조를 연구하고, 베릴리(Verily) 등 생명과학 전문 기업은 건강 상태 추적 프로젝트를 진행하는 식으로 학계 및 의료계와 협업하며 전반적인 시너지를 추구합니다. 2019년에 스마트워치 기업 핏빗(Fitbit)을 인수한 배경에도 바로 이 헬스 분야가 있습니다(우여곡절 끝에 2021년 인수 완료).

구글의 본업을 봐도 현재 전체 검색량의 5% 정도는 의료 관련입니다. 의료란 그만큼 사람들에게 절실한 정보이지요. 우리는 어디가 아플 때 병원에 먼저 가기보다 검색창을 엽니다.

구글에도 애플 헬스처럼 구글 헬스가 있습니다만, 애플처럼 명확한 서비스나 제품명은 아닙니다. 구글이 보건의료에 진행 중인 다양한 활동을 하는 그룹 이름으로 활용되고 있습니다.

비대면·원격은 피할 수 없는 길

우리는 비대면·원격 쇼핑을 즐기고 있습니다. 그리고 비대면·원격 오락과 외식을 하고 있습니다. 비대면·원격 교육은 아이들에게 교육의 끈을 놓지 않게 했습니다. 디지털은 우리 생활의 많은 부분을 랜선 너머의 커뮤니케이션으로 바꿔줄 수 있습니다. 건강 역시 예외는 아니겠지요.

비대면·원격 의료가 피할 수 없는 미래인 이유는 무엇일까요? 단지 접근성과 같은 편의성 때문만이 아닙니다. 사소해 보이는 편리함은 빈도를 늘리고, 늘어난 서비스 횟수는 데이터를 만듭니다. 바로 이 회전이 의료에도 유의미할 것이기 때문입니다. 그 하나하나의 서비스 질은 오프라인·대면보다 떨어질 수밖에 없습니다. 영화관에서 영화를 보는 것이 침대에 누워서 넷플릭스를 보는 것보다 더 감동적이겠지요.

하지만 소비자는 점점 더 많은 일을 자신의 페이스대로 하고 싶어 합니다. 세상을 움직이는 리모컨인 스마트폰을 손에 쥐었기 때문이지요. 의료보건 또한 예외는 아닙니다. PHR(Personal Health Record) 또는 PGHD(Patient Generated Health Data)라고 불리는 개인 건강 정보 시장은 우리의 스마트폰을 거점으로 삼아, 지금 이 순간에도 계속 커지고 있습니다.

당분간은 기존의 관성에 밀려, 또는 규제에 막혀 답보할 수도 있습니다. 그러나 기술은 국경 없이 스며듭니다. 애플과 구글이 보여주는 현재의 서비스를 왜 한국에서는 쓸 수 없는지 의심*하는 소비

---

* 보건의료 서비스들은 대개의 경우 지역별 규제에 따라 도입 시점이 달라집니다. 한국의 경우도 애플 워치의 심전도 기능이 규제 때문에 비활성화되어 있었으나 규제 샌드박스를 통해 개방되었습니다.

자들의 수는 점점 늘 수밖에 없습니다.

마치 금융 데이터가 개방화되면서 오픈뱅킹과 같은 오픈 API를 만들었듯이, 머지않아 우리의 의료 데이터도 개방화되면서 국제 표준의 오픈 API로 만들어질 것입니다. 보험심사 등에도 활용될 수 있겠지요. 보험사가 내 정보를 알 수 있다니 기분 나쁠 수 있겠습니다만, 정보의 비대칭성으로 인해 발생하는 비용을 모든 소비자가 나누어내고 있는 지금의 상황이 최선은 아닐 수 있습니다.

전체적인 비용 최적화로 모두가 합리적인 수준의 보장을 받을 수 있다면 이는 사회적 윈윈입니다. 그리고 이 또한 개인정보의 자기결정권을 존중한다면 보험사에 정보를 개시(開示)하지 않고 지금과 같은 방식으로 가입할 수도 있겠지요.

어떤 결정을 하든 그것의 나의 책임이자 권리인 셈입니다.

▷ ▷ ▷

우리의 손을 장악한 애플과 구글처럼, 삼성은 물론 화웨이와 샤오미 등도 헬스케어 서비스 제품을 확장하고 있습니다. 의료보건은 이제 개인이 소유하고 구독할 수 있는 제품 및 서비스가 되고 있습니다.

데이터는 인공지능의 원료였음을 앞서 배웠습니다. 그리고 데이터가 클라우드의 임차인인 것 또한 우리는 알고 있습니다. 데이터는 모든 변화의 주인공이었습니다. 금융에서 교육, 의료에 이르기까지 데이터로 바뀔 세상에서 한시라도 눈을 떼기가 힘듭니다.

데이터가
산업의 지형을
바꾼다

그래서 빅데이터란 무엇인가?

생활과 사업의 모든 면이 데이터가 되는 세상, 지금까지 없었던 정보와 자료도 쌓이고 활용되기 시작합니다. 이 풍조는 V로 시작하는 단어로 표현됩니다.

희대의 유행어인 빅데이터. 빅데이터는 10년 이상 IT 트렌드의 중심으로 군림해왔습니다. 빅데이터의 정의는 조금씩 확장되어 왔는데, 초기에는 빅데이터를 3개의 'V'로 설명했습니다. 데이터의 Volume(양), Variety(다양성), Velocity(속도)가 '빅'해진다는 것이었지요. 그렇기에 그전까지의 데이터 처리 방식으로는 감당할 수 없다는 주장이었고, 이는 사실이기도 했습니다.

실제로 데이터는 늘 어디에나 있었지만, 데이터로서 취합되거나 저장되지 못했습니다. 그러한 데이터가 흘러내려 가는 것을 직접 관찰한 현장 담당자의 경험이나 감이 판단을 대신하곤 했지요. 하지만 스마트폰 대중화 이래 네트워크와 센서의 비용이 싸지고, 모두가 그 결정체인 스마트폰을 들고 다닌 이후 데이터의 생산량과 속도가 비약적으로 '빅'해집니다. 그리고 또 다양해지기도 했습니다.

예전에는 데이터라고 하면 자료구조가 뻔했습니다. 표로 정리될 수 있었고, 데이터베이스라고 하면 그렇게 깔끔하게 구조화된 표에서 필요한 행을 SQL(Structured Query Language)* 명령으로 뽑아내는 일이었습니다. 이러한 데이터베이스를 RDB(Relational DataBase)라고 부르지요. '관계형 데이터베이스'라는 말은 고객테이블과 주문테이블 사이처럼 서로 관계를 지닌 표들을 엮어서 관리할 수 있다는 뜻이 내포되어 있습니다.

V의 힘, Volume(양)·Variety(다양성)·Velocity(속도)

근래에는 이러한 방식의 정보 조작으로는 다룰 수 없는 '비구조화'된 정보가 워낙 많다 보니 NoSQL**이라는 기술군(群)도 생겨나고 있습니다. 종횡으로 열을 맞춰 깔끔하게 정리할 수 없는 다양한 형태의 정보가 점점 중요해지기 때문입니다. 예를 들어 서로 복잡하게 링크가 걸려 있는 웹의 문장들처럼요. 이러한 새로운 관계는 소비자의 의견과 반응과 동태가 중요해지는 근래의 비즈니스에서 더

---

* 구조화된 데이터베이스를 조작하기 위한 사실상 표준의 언어. 여전히 자료는 표나 테이블의 형태로 구조화된 경우가 많기에 지금도 널리 쓰입니다. 오라클과 같은 고가의 데이터베이스는 물론 MySQL과 같은 오픈소스 데이터베이스, 그리고 iOS나 안드로이드 등 모바일에서 내장되어 쓰이는 SQLite까지 이 언어를 익혀두면 다양한 데이터베이스를 다룰 수 있습니다. 현장에서는 '시퀄'이라고 읽곤 합니다.

** 어감과는 달리 SQL이 No라는 뜻이라기보다는 NO(Not Only) SQL, 즉 'SQL만 있는 것이 아니다'라는 뜻이라고 합니다. 하지만 강하게 느껴졌기에 임팩트 있는 작명이 되었지요.

중요해지고 있습니다.

트위터와 같은 소셜미디어의 반응을 소셜 피드의 스트림 데이터라고 합니다. 엄청난 양의 데이터가 만들어져 정리되지 않은 형태로흐르기 때문이지요. 날것 그대로의 데이터를 필요한 만큼 담아 두는저수지 같은 곳을 데이터레이크(Data Lake)라고 부르기도 합니다. 미지의 데이터로부터 가치를 낚아 올리는 것이 데이터 사이언스의역할입니다.

사람들은 빅데이터를 3개의 V를 넘어, 근래에는 4개, 5개, 심지어7개, 8개의 V를 동원하며 설명하기도 합니다. 앞으로의 빅데이터라면 Validity(유효성), Variability(변동성), Veracity(정확성)을 신경써야 한다는 주장에, 빅데이터의 본질은 Visualization(시각화)이나Value(가치)에 있다는 의견도 있습니다. 이쯤 되니 언어유희에 가까워지는 느낌이지만요.

VOLUME   VARIETY   VELOCITY

빅데이터는 3가지의 V라는 특성이 있습니다.

빅데이터는 Volume(양), Variety(다양성), Velocity(속도)가 '빅'한 데이터. 모든 소비자가 다양한 형태의 대량 데이터를 초고속으로 쏟아내는 스마트폰 시대, IoT 시대에는 사물들도 그러한 데이터를 쏟아낼 터입니다.

빅데이터를 시작하려면
어떻게 해야 할까?

빅데이터를 담기 위해 시스템을 구축하는 시대에서 서비스 받는 시대로 빠르게 이행하고 있습니다. 그릇을 직접 만들던 시대에서 공장에서 찍어내는 시대로, 그리고 그릇을 사지 않고 배달을 받는 시대로 넘어가고 있습니다.

지금 시장에서 잘나가는 기업들에는 '데이터를 장악하고 있다'는 공통점이 있습니다. 그들의 사업 업태는 데이터 기반으로 움직입니다. 의사결정은 물론 상품이나 서비스 원자재 자체도 데이터인 경우가 많습니다. 데이터 자체가 기계학습 인공지능의 먹이가 되니, 사업을 하면 할수록 더 강해진다는 점은 말할 것도 없습니다.

업력이 일천한 스타트업 기업들도 '데이터를 어떻게 확보하고 있느냐'에 따라 가공할 경쟁력을 보여주곤 합니다. 마켓 쉐어가 데이터의 쉐어에 따라 재정립되는 일이 벌어지기도 합니다. 시장에서의 승패에 데이터가 결정적 역할을 함에 따라 각 비즈니스의 요건에서 데이터를 다루고 관리하는 일, 즉 거버넌스(Governance)에 대한 욕구가 커져만 갑니다.

'빅데이터'가 유행어가 되기 시작하던 시절, 방대한 양의 데이터를 다루는 일은 상당한 기술적 복잡성을 수반했습니다. 당시는 하드웨어 한 대만으로는 다루기 힘든 양을 어떻게 모으고, 대량의 데이터를 어떻게 다량의 기계에 분산해서 저장하고 또 활용할지에 대한 노하우 그 자체가 차별점이 되던 시절이기도 합니다.

그러나 초거대 클라우드 플랫폼이 일상화되고 서비스가 고도화되면서 데이터를 다루는 일이 예전과는 비교할 수 없을 정도로 쉬워지고 있습니다. 클라우드 데이터 플랫폼이 만들어지고 있기 때문입니다.

클라우드 데이터 플랫폼에 주목하자

각 클라우드 업자도 나서고 있습니다. 다양한 클라우드를 여러 리전을 횡단하여 활용할 수 있게 되고, 필요한 만큼 사실상 무한하게 확장되거나 축소되는 유연성을 지닌 편리한 신생 서비스들이 난립하고 있습니다. 이처럼 데이터를 다루는 일 자체도 기술이라기보다 서비스가 되고 있습니다.

종래의 기술 기반의 빅데이터 시대는 하둡(Apache Hadoop)*과 같은 시스템을 유지하는 일에 신경이 가 있었습니다만, 근래의 비즈

---

* 대용량 분산 저장소를 구성하기 위한 오픈소스 소프트웨어 프레임워크. 하둡에 데이터를 모으고 맵리듀스(MapReduce)라는 프로그래밍 모델로 데이터를 조작하는 일은 빅데이터의 상식이자 표준이 되어 왔습니다. 이 모델은 실은 구글이 자체적으로 쓰고 있던 파일 시스템의 논문에 영감을 받아 오픈소스로 재구축한 것입니다.

니스 현장에서는 이러한 일부터 시작할 여력과 시간이 없습니다. 데이터로부터 인사이트를 얻는 시간, 데이터를 가공해 제품화하는 시간이 점점 짧아지고 있어서입니다. 따라서 근래에는 빅데이터에 대한 수요 자체를 서비스로 받는 편이 늘고 있습니다. 이러한 서비스를 데이터 플랫폼이라고 하고 데이터 클라우드라고도 합니다. 또는 '서비스로서의 빅데이터(Big Data as a Service)'라는 카테고리로 묶기도 합니다.

데이터를 다루는 일이 전문화되어 서비스화되고 있는 이유 중의 하나는 시장 진입의 타이밍을 맞추기 위한 절실한 수요가 커져서라는 면도 있습니다만, 데이터 거버넌스 면에서도 전문성이 요구되고 있어서입니다. 특히 빅데이터란 고객의 데이터일 가능성이 크므로 각종 법령 준수, 보안 등의 수비적인 면을 간과할 수 없습니다. 또한 데이터의 품질을 높이고 최적화할 수 있는 설계를 하는 일 자체도 전문성이 필요합니다. 이 모든 것을 스스로 할 수 있는 기업은 생각처럼 많지 않아서겠지요.

▷ ▷ ▷

유행어인 빅데이터는 이제 실사구시의 데이터 플랫폼으로 완성되고 있습니다.

− □ ×

데이터베이스, 데이터웨어하우스, 데이터레이크, 데이터댐의 차이는?

데이터의 종류와 용도가 다양해지고 이를 다룰 수 있는 기술이 발전하면서 데이터를 담아 두는 방식이 바뀌고 있습니다. 데이터웨어하우스와 데이터레이크는 둘 다 데이터를 모으는 곳이지만 그 개념에는 차이가 있습니다.

데이터베이스는 보통 엑셀의 표처럼 규격화된 데이터를 담아놓기 위한 테이블로 이뤄져 있습니다. 테이블들의 관계 또한 관리할 수 있기에 관계형 데이터베이스라고 하지요. 특히 데이터를 기록하는 데 중복이나 누락이 없도록 정합성을 보존하는 일, 즉 트랜잭션을 확보하면서도 빠르게 그 '거래'를 처리하는 것이 데이터베이스의 역량이었습니다.

어떠한 거래의 기록을 데이터로 삼을 것인지에 대해서 미리 정해야 하는데, 이를 '스키마를 정규화한다'라고 합니다. 데이터베이스에는 철저하게 규격화되고 구조화된 예측 가능한 데이터가 들어가게 됩니다.

데이터베이스의 종류가 늘고 그 규모가 커지면 어느새 데이터를 소유한 조직의 의사결정을 기대받는 수준으로 자라납니다. 비즈니스 인텔리전스(BI; Business Intelligence)라는 분야는 데이터를 집계하고 분석해서 인사이트를 도출하는 솔루션이나 서비스를 지칭합니다.

기업은 매출 추이나 판매 동향처럼 장기적으로 관찰 분석해야 하는 일을 늘 해야 합니다. 그런데 일상적 집계 및 분석 업무를 매번 데이터베이스에 접속해서 수행하는 것은 부하나 시간 면에서 비효율적입니다.

여러 데이터베이스에 제각각 담긴 정보로부터 필요한 것을 집약할 필요가 있습니다. 이를 데이터웨어하우스에 데이터 소스를 추가한다고 합니다. 그리고 데이터 소스로부터 'ETL 처리'를 하게 됩니다. 데이터를 추출(Extract), 변환(Transform), 격납(Load)하는 일을 ETL 처리라고 말합니다.

POS 데이터 분석을 예로 들면 수많은 지점 및 매장으로부터의 정보에 상품 정보, 고객 정보 등 다양한 데이터를 가로질러 분석해야 할 필요가 있습니다. 의사결정을 위해 목적별로 편성된 데이터의 창고가 바로 데이터웨어하우스인 셈입니다.

그런데 거대한 창고형 매장이 너무 크고 번잡해서 동네 마트를 자주 가는 것처럼, 데이터 마트를 만들자는 주장도 있습니다. 데이터 마트란 집중화되지 않은 채 부서 수준에서 운영되는 소규모 데이터 웨어하우스를 말합니다.

데이터댐은 무엇인가?

데이터웨어하우스에는 보통 잘 처리된 데이터가 들어갑니다. 즉 목적별로 편성된다는 말은 기록과 검색의 방식이 미리 정해진 것만 들어올 수 있다는 뜻이기도 합니다. 하지만 소셜 미디어의 반응을 모으는 것처럼, 비정형의 정리되지 않은 데이터가 의미를 지닌 시대가 되고 있습니다. 이러한 데이터를 날것 그대로 격납해두기 위한 저장소가 대두되기 시작했고, 이를 데이터의 호수, 즉 데이터레이크라고 부릅니다. 호수 속 생태계에는 데이터의 창고와는 달리 별의별 것들이 다 정리되지 않은 채로 들어 있겠지요.

데이터레이크는 스키마(Schema)*를 미리 정리할 수 없는 비구조화된 데이터가 담길 수 있다는 장점이 있습니다. 게다가 일단 담아두는 것에 특화되었기에 그 비용이 저렴합니다.

그런데 온갖 것들이 산재한 곳에서 어떻게 통찰을 찾아낼 수 있을까요? 근래에 대중화된 기계학습 인공지능이 그 희망이 되고 있습니다. 그러나 복안 없이 데이터만 모으고 있다가는 그저 쓸모없는 데이터 적치장이 되어버리기도 합니다.

한편 데이터댐이라는 말도 들리기 시작했습니다. 이 용어는 한국 정부가 코로나19 사태로 인한 경제위기 대응책으로, 한국판 뉴딜 종

---

* 데이터베이스에 격납될 자료의 구조. 각 항목별 데이터의 종류나 길이, 그리고 이들 데이터의 관련성을 정의한 것.

합 계획 중 디지털 뉴딜이라는 공공사업을 시작하면서 제창한 신조어입니다. 다른 단어처럼 세계적으로 통용되는 용어가 아닙니다. 후버댐이 일자리를 창출하고 경기를 부양해 뉴딜의 상징이 된 것처럼, 데이터가 부가가치를 만들 것이라는 기대가 담긴 말입니다.

한국 정부의 데이터댐은 데이터의 공공성을 강조합니다. 다만 데이터 대부분은 민간에서 발생하고 있기에 민관협력이 중요합니다. 따라서 이 사업의 성패 또한 결국 대중적 호응에서 결정되겠지요.

▷ ▷ ▷

신조어는 왜 만들어질까요? 이유는 단순합니다. 사람들에게 새로운 개념에 호기심을 느끼게 하고 싶어서이지요. 그렇게 사람들이 궁금해하고 또 상상할 수 있어야 시장이 만들어집니다. 솔루션도 서비스도 제품도 그 깃발 아래 모을 수 있기도 하지요.

핀테크는 기존의 금융과
어떻게 다를까?

핀테크는 금융을 혁신하는 기술입니다. 지점이 스마트폰으로 들어오고, 아예 금융기관의 존재마저 의심하게 하는 기술까지 등장했습니다.

핀테크는 그 이름에 힌트가 들어 있듯이 금융(Finance)과 기술(Technology)이 더해진 조어입니다. 실은 훨씬 이전부터 금융기술(Financial Technology)이라는 말이 있었습니다. 금융 또한 정보입니다. 정보 처리 기술은 언제나 금융과 함께해왔고, 금융은 언제나 첨단 기술의 얼리어댑터였습니다. 금융권이 늘 가장 좋은 시스템을 사용해왔으니까요.

하지만 금융권은 기술 면에서 보수적으로 되기가 쉽습니다. 돈을 다루는 업태이니만큼 이해는 갑니다만, 세상은 바뀌고 있었지요. 리먼 쇼크와 금융위기 이후, 금융업은 안팎으로 변화의 압박을 받게 됩니다. 특히 스마트폰의 등장으로 금융 소비자의 '전산 역량'이 고도화되었다는 점이 컸습니다.

핀테크라는 신조어는 그전부터 쓰이긴 했습니다만, 스마트폰의 등장 이후 두드러지게 유행했습니다. 은행 창구에 가지 않더라도 스마트폰만 있다면 어지간한 금융 업무를 볼 수 있었습니다. 디지털 금융기술, 그러니까 핀테크는 더 큰 가능성을 봅니다. 지금까지 존재하지 않던 금융의 형태마저 가능하리라 생각한 것이지요. 핀테크가 디지털 혁신의 중심에서 주목받은 계기는 금융이라는 산업 자체가 워낙 크고 영향력이 크기 때문이기도 하지만, 돈은 곧 정보라는 습성 덕에 기술과의 융화력이 강했기 때문입니다.

기술은 스며드는 습성이 있습니다. 그간 도달하지 않았던 곳까지 다다릅니다. 개발도상국, 심지어 선진국의 하류사회에는 금융 서비스의 혜택에서 소외된 이들이 여전히 많았습니다. 은행 계좌조차 없는 이들을 지칭하는 '언뱅크드(Unbanked)'는 사회 격차와 복지 과제를 표현할 때 자주 등장합니다.

사람들은 아무리 가난해도 자신이 가진 가처분 소득 중에서 소통을 위한 기술에 우선적으로 지출합니다. 통신이 의식주 다음으로 주요한 생존 전제가 된 것입니다. 그 비싼 스마트폰을 어떻게 살까 싶지만, 궁하면 통하는 법입니다. 17달러짜리, 그러니까 2만 원 정도 하는 스마트폰이 인도에서 팔리고 있으니까요.

아프리카와 인도 등 아직 IT의 혁신을 따라잡지 못한 거대한 성장 시장이 있습니다. 이 지역으로 스며들기 위해 많은 테크 기업들이 호시탐탐 자신의 혁신을 다이어트하고 있습니다.

2만 원짜리 스마트폰에 안드로이드가 들어가기는 힘듭니다. 다만 이들을 위한 별도의 운영체제에까지 구글이 투자하고 있습니다. KaiOS* 덕에 초저가 스마트폰이 가능해졌습니다. 스마트폰이 아니어도 실은 상관없었습니다.

지점 없는 금융 서비스 M-PESA는 아프리카와 아프가니스탄 등에서 꽤 요긴한 금융 서비스입니다. 스마트폰이 없어도 문자만으로 송금할 수 있습니다. 오래된 피처폰만 중고로 구해도 금융 생활이 가능해지자 많은 변화가 일어났습니다. 케냐와 같은 국가에서는 M-PESA가 국민 소득 증대에 기여했다고 이야기합니다. 돈을 모으고 쓰는 법을 알게 되니까, 더 쓰고 더 벌게 됩니다. 기술을 등에 업은 금융, 또는 금융을 혁신시킨 기술 핀테크는 세상을 바꾸기 시작했습니다.

핀테크의 본질

스마트폰 은행 지점은 시작일 뿐입니다. 보험사들이 금융 소비자의 정보를 흡수하면서 그들이 할 수 있는 일도 많았습니다. 이 분야는 아예 인슈어테크(Insuretech)라고 독립되어 성장하고 있습니다. 모든 소비자가 연결된 세상에서 금융의 모습은 달라질 수밖에 없었겠지요.

---

* 리눅스 기반의 초경량 대안 운영체제인 KaiOS는 웹브라우저로 유명한 파이어폭스가 시도했던 운영체제인 파이어폭스OS로부터 파생되어 온 오픈소스 기술입니다. 다양한 기업이 참여하고 있는데, 구글도 투자하고 있습니다.

또 하나 큰 변화가 있었습니다만, 금융에 있어서 기관의 역할을 재고하기 시작한 움직임입니다. 그것은 바로 블록체인이나 암호화폐입니다. 암호화폐를 가능하게 한 분산원장 기술. 장부의 관리 주체, 즉 기관 대신에 흩어져 있는(분산) 금융 소비자가 장부(원장)를 공유하면서 참여하고 서로 검증하면서 관리할 수 있는 기술입니다. 블록체인이란 분산원장 기술의 대표적 예이기에 동의어로 쓰이기도 하지요. 비트코인과 같은 암호화폐는 블록체인으로 구성되어 있습니다.

'금융인데 금융기관이 필요가 없다?' '금융기관을 관리 감독하는 국가도 우회할 수 있다?' 이 아이디어는 수많은 상상력을 자극합니다.

기술은 바로 돈의 흐름, 그리고 돈에 대한 인식을 전 세계적으로 바꾸기 시작한 것입니다. 핀테크라는 유행이 주장하고 싶었던 것은 어쩌면 이 전환일지도 모릅니다.

▷ ▷ ▷

금융 기술이라는 밋밋한 말로는 표현하기 힘든 더 큰 변화가 있음을 어떻게든 말로 표현하고 싶었던 모양입니다.

핀테크는 스타트업이
몰리는 장르다

핀테크는 금융업의 빈틈을 채워주며 공생관계를 노리는 스타트업에 의해 커지기 시작했습니다. 하지만 종래의 금융업도 자신의 업무와 고객 데이터를 개방하지 않을 수 없게 되자 적극적으로 되었습니다.

금융은 정보와의 친화성이 높습니다. 그래서 기술의 힘으로 소비자에게 주는 직접적 효용을 키울 수 있습니다. 돈, 그리고 정보가 절실한 사용자들은 얼마든지 갑자기 몰려들 수 있습니다. 급성장이 가능하다는 것이 증명된 분야였지요. 그래서 핀테크는 스타트업들이 몰리는 장르가 되었습니다.

수많은 아이디어가 실현되며 성공 신화를 쓰고 있습니다. 아무래도 돈을 다루는 분야이기에 돈이 모이기 마련입니다. 그래서 관심도 높습니다. 유독 핀테크 분야에서는 '다음에는 누가 유니콘으로 직접 점프할지' 그 목록을 만들곤 합니다. 유명한 목록으로는 미국 포브스(Forbes)의 핀테크 50 리스트*가 있습니다. 또한 유럽에서도 더핀테크 50(The Fintech 50)이라는 목록이 취합되고 있습니다.

국내에서도 『대한민국 핀테크 기업편람』이 발간되고 있습니다. 그런데 핀테크 중에서 소비자금융을 혁신하는 분야는 강한 국지성을 띠는 것이 보통입니다. 전통적으로 금융업은 규제 산업이었고, 돈과 거래는 문화적 특성이 녹아 있기 때문에 다른 앱이나 서비스처럼 전 세계인이 동시에 같은 앱과 서비스를 쓰기에는 힘든 면이 있습니다. 따라서 한 지역의 혁신을 목격하고 다른 지역에서 빠르게 복사하는 '카피캣' 전략이 잘 기능합니다.

미국을 뒤흔드는 핀테크 업체를 한국에서는 들어본 적이 없을 겁니다. 심지어 애플 페이나 구글 페이처럼 이미 널리 보급된 플랫폼에 업혀 갈 수 있는 거대한 외세도 좀처럼 국내에 상륙하지 못하고 있습니다. 다른 여느 자사(自社) 서비스들처럼 독자적으로 진행할 수가 없기 때문이지요.

지역 시장의 인허가 및 제휴 네트워크는 적어도 금융업에 있어서는 효과적인 무역 장벽이 됩니다. 외국에서의 다양한 혁신을 빠르게 벤치마킹(참고 혹은 복제)한 뒤에 그 국내 버전을 새로운 이름으로 만들어서 시장에 진입할 수 있기에 핀테크 분야는 선호되는 투자처가 되기도 합니다. 그러나 이는 글로벌 확장이 힘들다는 뜻이 되기도 하지요. 동일한 전략이 세계 방방곡곡 지역마다 벌어질 테니 말입니다.

＊ forbes.com/fintech/2021/ 참조

핀테크는 거대한 산업 변화의 시작일 뿐

그런데 이 또한 과도기적인 현상일지 모릅니다. 지금까지 많은 핀테크 업체들은 기존의 금융업체들과 직접 제휴하는 방식으로 사업을 운영해왔습니다. 규제 때문에 또는 조직적 이유로, 기술에 둔하고 움직임이 느린 금융업들로서는 혁신을 해본 듯한 느낌을 줄 수 있기에 제휴를 허락해왔습니다.

하지만 이러한 방식으로는 스마트폰 덕에 점점 높아지는 소비자의 눈높이를 맞추기 힘들어졌지요. 지금처럼 지점만이 소비자와의 주된 창구가 되는 금융업의 비즈니스 모델에도 강한 진화압(evolutionary pressure)**이 걸리기 시작했습니다. 특히 코로나19 이후, 사회에서의 불편함은 불편으로 끝나지 않았던 것이지요. 당장 일을 처리하게 해달라는 강한 요구는 그간의 일상적 관례에 변화를 요구합니다.

소비자가 원하는 것을 살뜰하게 처리할 수 있으니 맡겨서 하게 해달라고 하는 스타트업, 그리고 누구보다도 소비자에게 친밀하니까, 바꿔 말하면 소비자를 파악하고 있으니 그들에게 봉사하게 해달라는 빅테크 기업들이 금융업을 전방위로 압박합니다. 규제 산업인 금융업에 변화가 시작된 셈입니다. 금융 당국도, 그리고 현재의 대형

** 생물들이 자신에게 가해지는 외부 압력에 저항하는 방향으로 진화하는 과정을 말합니다. 외부 압력은 주로 환경 변화에서 비롯되는데, 압력이 강하면 강할수록 더 빠른 시간에 극단적인 진화가 이루어진다는 가설입니다.

금융기관도 시대적 변화를 묵과할 수는 없었습니다.

변화는 지금 전 세계에서 동시다발적으로 벌어지고 있습니다. 한국 또한 예외는 아닙니다. 기존 금융권의 핵심 업무를 소프트웨어가 호출할 수 있는 API로 개방하는 일, 바로 오픈뱅킹입니다. 그리고 또 하나는 금융 소비자의 개인정보를 활용할 수 있는 마이데이터입니다. 소프트웨어와 데이터에 강한 이들이 활약할 수 있는 장이 코로나19와 함께 펼쳐졌습니다.

▷ ▷ ▷

금융은 지금껏 대마(大馬)들의 세상이었습니다. 새로운 아이디어로 무장한 작은 기업들이 살아갈 수 있는 금융 환경이 어느새 찾아와버렸습니다. 지금부터 벌어질 일이 중요합니다.

오픈뱅킹, 은행, 증권도 그저 하나의 모듈이 되는 세상

은행을 포함한 다양한 금융권은 그들의 업무를 개방형 오픈 API로 개방하고 있습니다. 모듈이 된 금융 업무들을 조합해서 새로운 금융 체험을 앱이나 서비스로 만들어낼 수 있게 됩니다.

기술의 습성 중 하나로 '그 자체로 충분히 숙성하면 모듈이 되려 하는 경향'을 들 수 있습니다. 어떤 혁신을 원 상태 그대로 이곳저곳에서 원하면 부품 그대로 파는 것이 편해서지요. 그리고 시장이 형성되려면 모듈의 규격도 자연스럽게 정리가 됩니다. PC의 머더보드에 다양한 CPU와 카드를 꽂을 수 있게 된 것도 모듈화 덕입니다.

모듈화의 장점은 컴퓨터 부품을 넘어서 소프트웨어 시스템에도 적용될 수 있다는 점입니다. 마치 남의 부품을 꽂아 쓰듯이 타사의 소프트웨어를 꽂아 쓰기 위한 규격이 있습니다. 이를 흔히 API(Application Programming Interface)＊라고 부릅니다. API가 개방형으로 열려 있다면 이를 오픈 API라고 부릅니다.

현재 전 세계 금융권에서는 앞으로 닥칠 변화의 큰 계기로 오픈

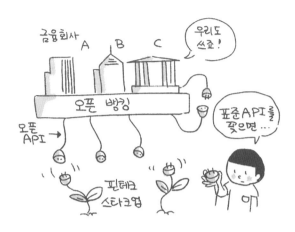

오픈뱅킹은 오픈 API를 신사업에 제공하는 플랫폼의 표준을 꿈꾸고 있습니다.

API를 꽂습니다. 지금까지 금융권은 고객과의 접점에 해당하는 창구 고객업무부터 후방 업무까지 모든 것을 스스로 제공해왔습니다. 오히려 이를 장악하기 위해 대마불사의 금융 그룹으로 변모해왔지요. 그런데 성장 방식에 물음표가 찍히기 시작합니다.

스마트폰을 써본 소비자들이 '금융이 얼마나 불편한지'를 깨달은 것입니다. 금융사 앱을 매번 따로 설치하고, 사이트마다 접속해서 인증서를 받은 다음 로그인해야 하는 등 번거롭기 그지없었습니다. 설상가상으로 금융사들은 디지털의 전문가가 아니다 보니 품질 또

---

* 서로 다른 두 소프트웨어가 서로 소통하기 위해 마련하는 일종의 가상의 케이블 또는 단자와도 같은 것입니다. 소셜로그인이라고 해서 이미 가지고 있는 플랫폼 기업의 계정으로 군소 사이트에 로그온하는데, 이러한 기능도 API를 활용한 것입니다.

한 형편없었습니다. 시장이 소비자의 수요를 충족시키지 못했던 셈입니다.

오픈뱅킹의 파급은 이제 시작

핀테크 스타트업들이 세계적으로 등장하면서 금융의 새로운 방식을 제안했습니다. 그러자 금융권, 그보다 금융 당국이 움직이지 않을 수 없게 됩니다. '하나의 앱만으로 다른 금융사에 개설한 내 계좌를 전부 조회하거나 이체할 수 있으면 좋을 텐데, 왜 안 될까?'라고 생각했습니다. 오픈뱅킹은 변화의 갈증에서 시작된 움직임입니다. 바로 금융사에 오픈 API를 개방하라는 것이지요.

2016년 영국의 공정위가 은행들에게 명령을 내리면서 물꼬가 트였습니다. 영미권에서는 주로 비영리 컨소시엄을 구성해 개방화를 추진해왔습니다. 국내에서도 오픈뱅킹**이라는 동일한 이름으로 금융위원회와 금융결제원이 금융사들과 개방형 금융결제 인프라를 제공 중입니다.

이제 개별 금융 회사들과 협업에 대한 교섭을 진행할 필요가 없어집니다. 그저 제공된 API를 플러그 앤드 플레이(PnP; Plug and Play)***해서 앱을 구성하면 됩니다.

'서비스로서의 은행(Banking as a service)'이라는 말도 생겨났습니다. 마치 클라우드에서 익숙한 각종 ~aaS들처럼 은행을 호출해 기능을 이용한다는 뜻이지요.

오픈뱅킹의 파급은 이제 시작입니다만, 불과 2년도 되지 않아 국내 경제활동 인구의 70% 이상이 활용하고 있습니다. 오픈뱅킹은 코로나19 사태 이전에 이미 계획되고 개시된 사안이지만, 비대면 욕구가 커지면서 급물살을 타고 있습니다.

오픈뱅킹 이용자는 금융권 앱보다는 주로 신생 핀테크 앱을 통해서 유입됩니다. 이미 간편 송금 등 사용자 체험을 잘 갈고 닦은 스타트업에게는 날개를 달아준 상황이지요. 잘 만든 스마트폰 앱 하나만으로 금융 서비스를 제공해줄 수 있게 되었습니다.

▷ ▷ ▷

금융조차 하나의 기능? API라는 규격에 맞춰 기능을 조립하는 시대가 금융을 바꿀 수 있습니다.

꼭 '개방형 기술을 써서 금융 시스템을 만든다는 뜻으로도 종종 쓰입니다. 현재의 오픈뱅킹 이전 PC 시절에 한국에서의 오픈뱅킹은 (한국형)액티브X나 (한국형)공인인증서 같은 폐쇄적이고 국지적인 기술을 사용하지 않음으로써 모든 플랫폼에서(당시에는 맥이나 리눅스) 쓸 수 있게 하는 온라인 뱅킹을 뜻했습니다. 비슷하게 외국에서도 오픈뱅킹이란 말이 개방형 API, 개방형 데이터라는 특성 이외에 오픈 소스 기술을 활용한 금융 시스템을 뜻하기도 합니다. 과거에 금융권에서 오픈 소스는 주인 없는(책임 소재를 돌릴 수 없는) 기술이라며 터부시되었지만, 지금은 클라우드 산업 자체가 오픈 소스에 의존할 정도가 되었습니다.

***'꽂기만 하면 바로 작동한다는 뜻입니다. 요즘의 USB 메모리는 꽂기만 하면 바로 쓸 수 있지요. 수많은 모듈들도 바로 연동되는 것을 바라고 있습니다. 이러한 용어가 생겼다는 것은 그 전에는 힘들었다는 뜻이지요. 주변기기마다 연동 방식이 달라서 제품 상자 안에는 꼭 설치 CD가 들어 있던 시절이 그리 멀지 않습니다. 제휴를 위해서는 각 개별 기업과 풀어야 할 일이 많았던 시절도 그랬겠지요.

마이데이터가
바로 돈인 시대

새로운 일은 새로운 데이터를 둘러싸고 벌어지곤 합니다. 금융 소비자, 바로 여러분의 소중한 금융 데이터를 둘러싸고 새로운 가치를 조립할 수 있게 되었습니다.

나의 정보를 나의 것으로 생각하기 쉽지만, 나의 정보를 모은 주체가 타자일 때 그 정보는 내 것이 아니었습니다. 심지어 내 정보가 모이고 있다는 사실조차도 인지하지 못했으니까요. 각종 약관으로 그 사실과 목적을 고지(告知)한 것도 최근의 일입니다.

이제는 내 정보를 누가 어떤 목적으로 모았든 '내 정보'라고 말할 수 있어야 하는 시대가 되고 있습니다. 정보란 가치를 만들어낼 수 있는 원자재, 곧 돈이 되기 때문이지요. 내 정보를 토대로 맞춤 광고를 하기만 해도 효과적이었으니까요.

'내 데이터의 주인은 내 것'이라고 주장할 수 있는 근거가 마련되고 있습니다. 금융권에서 관심사가 된 '마이데이터'도 그중 하나입니다. 정부가 허가제로 운영하는, 개인신용정보에 대한 전송 요구권

마이데이터 제도로 내 데이터를 내 허락하에
여러 사업자들이 함께 다룰 수 있게 되었습니다.

을 보장하도록 하는 사업입니다.

개인은 마이데이터*로 자신의 정보를 관리·통제하는 주체가 될
수 있습니다. 각 금융기관에 흩어져 있는 정보를 한 번에 모니터링
할 수 있음은 물론, 정보를 다른 기업이 이용할 수 있도록 허락할 수
도 있습니다. 그 기업은 내 데이터를 분석해서 내게 맞는 혜택을 제
공할 수도 있겠지요. 내 데이터의 조감도를 살펴볼 수 있음은 물론,
내 데이터를 미끼로 금융기관끼리 경쟁시킬 수도 있습니다. 이처럼

---

* 마이데이터가 가능해진 것도 API 덕입니다. 금융기관이 API를 마련해서 외부에 공개함으로써
서로 소통할 수 있게 되니까요. 여담입니다만, API가 없던 시절에는 '스크래핑(Scrapping)'이라고
하는 방식으로 금융기관에 사용자 대신 접속해서 웹페이지 내용을 긁어오는 원시적 방법을 썼습
니다. 고객의 인증서, 비밀번호 등을 제공해주면 이를 입력해 대리로 들어가서 보고 받아 적는 방
식이었습니다. 찝찝하기도 하려니와 불안정한 방식이었지요. 물론 사람이 일일이 하는 것은 아
니고 기계가 했었습니다만, API로 완전하게 연동된다면 훨씬 더 안전하고 효율적으로 종합적인
데이터 결합이 가능해지겠지요.

개인이 자신의 신용은 물론 자산 관리에도 개인정보를 활용할 수 있게 됩니다.

데이터의 자유화, 그 득과 실

마이데이터는 IT 업계에서 숙원 사업으로 여겨왔던 '데이터 3법' 개정(2020년)의 산물입니다. 데이터 3법이란 개인정보보호법, 정보통신망법(정보통신망 이용촉진 및 정보보호 등에 관한 법률), 신용정보법(신용정보의 이용 및 보호에 관한 법률)을 일컫습니다.

디지털 시대의 신산업에는 빅데이터가 활용되어야 하는데, 그간 개인정보에 대한 법률적 판단이 모호했습니다. 또한 각 법률이 중복으로 규제하고 있었던 면도 있어서 애로가 많았습니다. 여기에 가명(假名) 정보라는 개념을 도입해 통계 등 연구는 물론 산업 목적으로도 이용할 수 있도록 했습니다. 동시에 정리된 개인정보에 대한 자기결정권도 도입되었는데, 마이데이터로 가능하게 된 개인신용정보의 전송요구권이 그것입니다.

여기서 주의할 점은 가명 정보입니다. 익명이 아닙니다. 나를 지칭할 수 있는 이름, 주민번호, 전화번호 등은 가려졌을지 모르지만, 나를 아는 사람이라면 나를 추정하기에 충분한 정보가 될 수 있습니다. 마치 얼굴을 가리고 인터뷰해도 차림새를 보고 지인임을 알아보는 것처럼 말입니다.

마이데이터 이외에도 기업들끼리 가명 정보를 공유할 수 있게 됨으로써 새로운 사업이 생겨날 수 있습니다. 금융 정보, 의료 정보가 결합할 수도 있습니다. 이미 카카오뱅크는 통신 요금을 연체했는지 안 했는지에 따라 우량 고객을 파악하기 시작했습니다. 배달 업체에 쌓인 고객 정보를 분석해서 필요한 대출 상품을 제안하는 등 금융의 문턱은 여러 의미에서 낮아질 것입니다.

어떤 느낌이 드나요? 어느 때보다도 디지털 리터러시(digital literacy)가 한층 더 중요해지는 시기가 되고 있습니다.

▷ ▷ ▷

마이데이터. 갑자기 내가 내 데이터의 주인이 되었습니다. 이제 나를 대신해서 모든 금융기관의 정보를 한곳에서 확인하고, 또 맞춤 분석을 요구할 수 있습니다. 그 덕에 혜택이 느는 경우도 있겠지요. 하지만 개인정보 유통 시대의 소비자로서 우리 스스로 대비가 되어 있는지를 생각해볼 때입니다.

네이버·카카오가
금융시장을 장악할까?

💬

핀테크가 익숙해질 만하니 테크핀이라는 단어가 떠오르고 있습니다. 빅테크 기업이 금융에 미칠 수 있는 영향력은 모두의 예상보다 클 수도 있습니다.

새로움을 다루는 업계에서는 늘 신조어가 만들어집니다. 금융기술이라는 뜻이지만 차별화를 두기 위해 핀테크라는 말을 쓰더니, 이제는 테크핀이라는 말이 세계적으로 들리기 시작합니다. 무게가 테크에 놓인 듯한 이 단어는 테크 기업이 금융에 참전한 경우에 주로 쓰입니다.

각국의 빅테크 기업은 너 나 할 것 없이 금융에 발을 담그고 있습니다. 본격적으로 은행업까지 탐내는 곳들도 있지만, 그렇지 않더라도 돈도 역시 정보의 일종에 불과하다는 것을 깨달은 이상 자신들의 강점을 낭비하고 싶지는 않아서겠지요.

금융기관들은 마치 온라인 뱅킹이 그래왔듯, 천천히 자신들의 기능들을 온라인화하면 된다고 생각했었습니다. 핀테크도 전산의 연장선상에서 생각했지요. 전산의 역사가 금융과 밀접하게 결합해왔기에 당연한 사고방식이었습니다.

하지만 테크 기업들의 접근법은 다릅니다. 자신들의 플랫폼 위에 상주하는 수많은 사용자를 바라보니 그들이 원하는 것이 보였고, 그중에 유독 돈과 관련된 일들이 많았습니다. 사람들은 돈 없이는 살 수 없으니까요.

예컨대 아마존이 금융을 기웃거리는 이유는 쇼핑도 결국 돈이 하는 일이라서입니다. 쇼핑하는 과정에서 여하간의 이유로 아마존 안팎을 들락날락해야 한다면, 아마존이 약속한 최고의 소비자 체험이 부드러워지기 힘들 수가 있습니다. 이런 식으로 테크 기업이 직접 금융업에 진출한다고 선언하지 않아도 어느새 정신을 차려보면 어느새 금융 서비스를 제공하고 있는 상황이 세계 곳곳에서 펼쳐지겠지요. 포털이 언론사가 되겠다고 선언한 적은 없지만, 지금 현대인은 뉴스를 어디에 가서 보고 있나요? 마찬가지 일이 곳곳에서 벌어질 수 있습니다.

테크핀의 위력

테크 기업, 특히 플랫폼 기업에게는 2가지 무기가 있습니다. 하나는 소비자와의 접점에서 흘러들어오는 데이터이고, 또 하나는 디지털 기술로 무장한 실행력입니다. 소비자가 하루를 살면서 어떤 앱 없이 살기 힘들다면, 수시로 그 앱을 들락날락 열어본다면(때로는 본의가 아니라도 상관없습니다) 그곳은 소비자의 안방과도 같은 공간이 됩니다. 그 안에 금융과 관련된 탭 하나를 마련한다면 그 효과는 엄청납니다. 신생 금융회사, 아니 전통 있는 금융 기업이 대대적으로 앱과 서비스를 론칭하는 것보다 비교도 안 되는 효율로 소비자 가까이에 다가갈 수 있습니다.

이미 사용자 모수가 많으니 접점의 수가 많은 것은 이해가 갑니다만, 질도 높일 수 있습니다. 그들은 '어떻게 하면 소비자, 아니 사용자가 편할지'를 궁리합니다. A/B 테스트, MAB* 등의 기법을 활용하며 사용자의 편의를 극대화하기 위한 경로를 찾으려 골몰합니다. 그 과정에서 기계학습도 동원되지요. 이는 결국 체험의 질로 이어집니다.

테크 기업의 금융 서비스는 소비자가 선호할 가능성이 큽니다. 이미 확보한 사용자에게서 나오는 풍성한 데이터와 그 데이터로부터 다시 그 사용자를 잡아두기 위한 얼개를 만들어낼 수 있는 수 있는 실행력. 빅테크의 무서운 점은 바로 이 순환으로 신규 시장에 파고드는 돌파력을 지녔다는 점입니다. 비단 금융만이 아닙니다. 각 산

---

* 무작위 사용자에게 2가지의 다른 버전 중 하나를 보여주고 (기대하는 행동에) 더 효과적인 것을 찾아가는 테스트가 A/B 테스트입니다(신약 분야에서 쓰이는 무작위 배정 임상시험 같은 것이지요). 널리 쓰이고 효과적이긴 하지만, 필연적으로 A와 B 중 효과적이지 않은 화면을 계속 방치하게 된다는 단점이 있습니다(누군가는 본의 아니게 위약을 먹게 되는 식입니다).
MAB(Multi-Armed Bandits)는 팔이 여럿 달린 도박꾼이 동시에 여러 슬롯 머신을 당겨보는 이미지를 테스트 방식으로 도입합니다. 꾼이라면 동시에 몇 번씩 당겨보다가 잘 터지는 곳에 몰아주겠지요. 이처럼 MAB 테스트는 테스트 진행 중에 효과적인 곳을 기계학습으로 파악해 사용자를 몰아줍니다. 심지어 테스트하는 과정에서도 효과를 놓치지 않겠다는 집념이 보입니다.

업에서 벌어진 일입니다.

국내외의 빅테크 기업들은 예대 마진 정도를 얻고자 금융업에 뛰어들지 않겠지요. 그들이 원하는 것은 마진이 아니라, 결국 다시 데이터입니다. 그들은 소비자가 의존하는 금융에 발을 디딤으로써 다시 자신의 플랫폼을 튼튼하게 만들어갑니다.

다른 산업이 겪었듯이 금융에서도 다양한 국면에서 마찰과 갈등을 겪겠지요. 인터넷 은행만 하더라도 금융 당국이 허가해줬을 때 기대하는 바와 이미 계열사를 거느린 그룹이 된 테크 기업이 은행업에서 기대하는 것은 서로 다릅니다.

어떤 면에서는 금융이 다른 서비스업과는 달리 사용자 체험의 결정력이 그렇게 강하지 않을 수도 있습니다. 지점이 멀어도 이율만 높다면 얼마든지 옮겨가곤 하는 것이 금융 소비자임을 생각해보면 말입니다. 테크 기업들이 금융에 얼마나 진지한지를 알 수 있는 시기는 사용자들이 체험에 익숙해진 다음이겠지요. 하지만 당분간은 '사용자 친화적인' '고객 경험을 중시하는' 서비스의 신선함만으로도 금융에 신선한 충격을 주기에는 충분해 보입니다.

테크 기업들이 금융에 어떤 영향을 줄지 생각해보기 전에 관찰해볼 만한 일이 있습니다. 우리가 테크 기업에 얼마나 의존하고 있는지 여부입니다.

금융 서비스 창구가 우리에게 친숙한 빅테크의 앱들로 대체된다면, 현재의 금융기관은 고객과의 관계만 잃는 것이 아니라 그들의 데이터 또한 놓치겠지요. 그리고 금융이란, 특히 신용이란 결국 데이터에 불과하다는 것도 깨닫겠지요. 데이터는 물론 데이터에 대한 통제권을 테크 기업이 차지하는 날, 살아남은 금융기관이 할 수 있는 일이라고는 데이터에 기반해 테크 기업이 이미 내린 신용 판단을 묵묵히 뒤에서 받아 낮은 마진으로 처리하는 후방 업무뿐일지도 모릅니다.

▷ ▷ ▷

테크 기업의 강점은 장악한 소비자로부터 나온 데이터, 그리고 그 데이터를 분석해 소비자가 원하는 해법을 신속히 만들어내는 실행력에 있습니다. 하지만 향상된 체험이 어쩌면 금융의 본질은 아닐 수도 있습니다. 그런데 그 본질을 현재의 금융기관들이 잘 지켜낼 수 있을지 또한 알 수 없는 일입니다.

보험설계사도 인공지능으로 가능하다

인슈어테크는 IoT로 데이터를 흡수하고 이를 다시 기계학습으로 학습해 요율을 판단하고, 이 전체 과정 동안 소비자와 비대면으로 24시간 만나게 합니다. 즉 보험설계사를 자동화하고 있습니다.

'보험(Insurance)을 기술(Technology)로 혁신한다'는 뜻의 인슈어테크(InsurTech)라는 말이 들립니다. 정보기술을 활용해 기존의 보험산업을 혁신하는 서비스를 지칭합니다.

보험업은 금융업 중에서도 정보의 비대칭성이 강합니다. 보험 가입자 중에서 자신의 보험에 대해 잘 알고 있는 이들은 거의 없을 지경이지요. 잘 모른다는 사실조차 정작 보험이 정말 필요해지는 시점까지 가도 모르고 지나칠 수 있습니다. 그래도 별수가 없었습니다. 보험사도 어떤 고객이 거액의 보험금을 청구할지 알 수 없었습니다. 그래서인지 일 처리의 많은 부분에서 관습과 전통이 여전히 보수적으로 남아 있습니다. 유독 대면 문화도 강합니다.

지금은 금융업의 각 국면을 아예 기술이 우회해 새로운 생태계를 구축하려는 시대입니다. 기술은 금융 소비자의 수요도 어떻게든 충족시키려는 방향으로 흐르고 보험도 예외는 아니었습니다. 특히 코로나19 이후로 비대면 수요가 확산하면서 보험업의 디지털 전환도 가속화하고 있습니다. 상품을 설계하고, 판매하고, 인수하고, 사정하는 등 일련의 과정이 클라우드에서 기계학습까지 다양한 기술 요소에 의해 강화 또는 대체될 수 있습니다.

2015년 이스라엘에서 설립되어 미국에서 유명해진 기업 레모네이드(lemonade.com)는 손해(자동차, 주택) 및 생명보험 (반려 동물 포함) 등 일상에서 필요한 보험 일체를 직접 다루면서도 보험설계사나 판매원 없이 디지털 화면만으로 영업합니다. 판매와 사정에서도 디지털 기술을 도입해 인공지능으로 판단하니, 타사 대비 2배 이상의 가격 경쟁력을 지니면서도 가입 절차는 약 2분이면 끝납니다. 앱으로 보험금을 신청한 지 수 초 만에 보험료가 나오기도 해서 세계 신기록을 수립하기도 했습니다. 2020년 상장 당시 통계로는 고객의 70% 이상이 35세 미만이었습니다. 다른 핀테크의 유망주들과 마찬가지로 초기 시장을 견인한 것은 MZ 세대였습니다.

우리가 보험에 가입하는 전 과정을 살펴보면 참 번잡합니다. 보험설계사를 잘 만나는 것도 운이지요. 앱에 익숙한 MZ 세대들은 타인과의 '밀당'이 피곤하기만 합니다. 하지만 코로나19는 이러한 욕구를 더 이상 숨기지 않아도 된다고 속삭입니다. 사회보장번호와 몇 가지 설문만으로 예상 보험료를 바로 보여주는 미국의 생명보험사 비스토우(Bestow.com)는 그래서 급성장했습니다.

기술은 지금까지 없었던 가능성을 만들어낸다

보험사는 가입자에 대해 많은 것을 알고 싶어 합니다. 따라서 개인정보의 공개와 유통 흐름은 보험사에게는 수익성을 높이기 위한 절호의 기회가 됩니다. 주먹구구로 돈을 내는 것이 아니라 위험 가능성만큼만 지불할 수 있다면 소비자에게도 도움이 되겠지요.

IoT로 점점 센서의 총량이 늘어나면서 대중화되자 우리 스스로에 대한 정보를 토대로 보험을 설계하도록 하는 트렌드가 시작되고 있습니다. 웨어러블이 포착한 신체 정보는 탐나는 정보 중의 하나입니다. 건강 정보는 아직 너무 민감하니, 얼마나 운동하는지 그 라이프 스타일만이라도 알고 싶어 하는 보험사들이 많습니다.

한국에서도 '퍼마일' 자동차 보험이 시작되었습니다. 원래는 페이퍼 마일(Pay Per Mile), 그러니까 '달린 마일마다 돈을 낸다'는 뜻으로 정확한 마일리지 산출이 필수지요. 현재는 시거잭에 삽입하는 장비를 가입자에게 나눠주는 방식 또는 계기판을 사진으로 찍어 올리는 방식을 취하고 있습니다만, 장기적으로는 자동차 회사와 제휴해서 정보를 직접 받는 방식이 세계적으로도 논의되고 있습니다.

보험업은 미지의 미래를 다룹니다만, 미래를 예측하기 위해 현재의 정보에 의존합니다. 그리고 현재의 정보는 지금 흐르고 있습니다. 심지어 현재의 정보를 원하는 방식으로 걸러낼 수도 있습니다. 많은 생명보험사들이 운동 정보에 따라 포인트 및 보험료 할인 등 인센티브를 설계하고 있습니다. 자동차 보험이 네비게이션 앱과 제휴해서 보험료에 인센티브를 주는 것처럼 말입니다.

보험은 지금까지 보험설계사를 통해 접점을 유지해왔습니다. 그런데 스마트폰과 인터넷이라는 이미 존재하는 접점을 활용하고 싶다는 소비자의 니즈로 인해 보험은 변화하고 있습니다. 놀라울 만큼 늘어난 다이렉트 보험만 봐도 변화가 이미 시작되었음을 느낄 수 있지요.

$$\triangleright \, \triangleright \, \triangleright$$

핀테크는 금융업 전방위로 확산 중입니다. 비즈니스의 틀과 방식 자체가 새롭게 제안되고 또 성공한다면, 종래의 비즈니스를 구성해온 우리의 일도 달라질 수밖에 없습니다.

− □ ×

인터넷 은행이
대세인 시대가 온다

모든 산업은 결국 인터넷 산업이 되어갑니다. 금융도 예외는 아닙니다. 그 전환 뒤에 어떠한 기업이 살아남을지, 바야흐로 전환의 경쟁이 시작되었습니다.

　동네마다 즐비하게 늘어섰던, 우리에게 이미 익숙한 은행을 두고 왜 우리는 낯선 신생 인터넷 은행을 쓰는 걸까요? 일단 은행 지점이 거리에서 계속 줄고 있어서입니다. 거래가 점점 디지털 비대면으로 가속화되면서 은행도 고비용 구조를 조정하려는 절호의 기회로 삼고 있지요.

　국내 5대 시중은행 영업점은 매년 200~300개씩 줄고 있습니다. (실효성에는 의문이 있습니다만) 금융 당국이 지점 폐쇄시 영향평가를 하도록 했을 만큼 사회에 여파를 미치고 있습니다. 특히 앱을 다룰 줄 모르는 금융 소외계층에 대한 배려를 어찌해야 할지 고민이 되었 겠지요.

　은행 입장에서는 앞으로의 성장 시장, 그러니까 MZ 세대들의 길목에 서고 싶을 겁니다. 실제로 국내외에서 성장하는 핀테크 기업들은 아무래도 디지털 리터러시를 익힌 젊은 층을 축으로 해 급성장했습니다. 기성세대의 눈에는 새로운 은행이 낯설기에 불안해 보이겠지만, MZ세대에게는 오히려 시중은행들이 낡고 불안해 보일지도 모릅니다.

동네 거리처럼 스마트폰의 첫 화면은 하나의 거리입니다. 그곳에서의 유동인구가 중요하지요. 스마트폰 첫 화면에 자리 잡을 수 있다면 명동 사거리가 부럽지 않습니다. 오히려 온라인의 입지는 오프라인의 어떠한 입지도 흉내 낼 수 없는 강점이 있습니다. 언제 어디서나 밤이든 낮이든 서비스해줄 수 있습니다. 대기 줄도 없습니다. 남다른 이용자 경험(UX)이 강한 니치를 만들고, 그 니치가 주된 타깃 마켓과 함께 성장하는 경로를 거치는 셈입니다.

신생 핀테크 기업들은 전 세계적으로 검증된 강한 '손맛'을 서로 벤치마킹합니다. 금융업 자체의 전통적 관습이나 관례 대신, 철저하게 소비자의 관점에서 재구성합니다. 핀테크 이전 금융기관의 사용자 인증 절차와 핀테크 이후 인터넷 은행들의 인증 절차의 간편함 차이를 보면 여실히 드러나지요(이러한 변화의 압박 덕에 시중은행 앱들도 근래에는 꽤 편해지기는 했습니다).

타깃 사용자가 가장 원하는 기능의 편의성을 철저하게 극대화해 입소문을 내는 전략은 토스와 같은 신규 사업자가 활용한 전략이기도 했습니다. 단순 명쾌한 체험으로 이체가 편해졌기 때문에 '제로'에서 지금의 규모까지 퍼질 수 있었지요.

편의성 이후의 가치를 찾아

사용자 편의성은 시장 진출과 시장 안착 면에서 효과적일지 모르지만, 금융업의 본질적 성장 엔진이 되기에는 다소 모자랍니다. 단지 손과 몸이 편해지자고 이율을 손해볼 이들은 그다지 많지 않을 테니까요.

결국은 금융, 돈을 융통하는 일을 잘해야 합니다. 예수금을 늘리고 적절히 증자도 해서 자본금을 늘려야겠지요. 은행이란 결국 대출 규모를 늘려야 하는 '규모의 게임'입니다.

현재 시중 인터넷 은행은 이미 지방 은행의 규모를 넘어서기 시작했습니다. 예수금이 어지간한 지방 은행을 뛰어넘고 있습니다. 그런데 금융 당국 입장에서는 애초에 인터넷 은행 허가가 나오게 된 주된 기대 중 하나인 '중·저신용자 대상 신용공급 확대'라는 목표를 채우면서 몸집을 키우고 있는지 예의주시하겠지요.

금융은 철저한 규제 산업입니다. 스타트업의 성장 공식에 따라 론칭 초기에 급성장하고 싶겠지만, 정부의 가계 대출 규제에 바로 막혀서 대출을 중단한 상황을 겪은 것처럼 마음대로 사업을 할 수가 없습니다. 당국이 인터넷 은행에게 준 첫 숙제를 어떻게 푸는지를 보면, 규제 산업도 잘해낼 수 있을지 그 역량과 가능성을 엿볼 수 있을 겁니다.

신용이 낮은 이들에게는 높은 금리를 받을 수 있지만, 돈을 잃어 수익성과 건전성을 잃을 우려 또한 큽니다. 인터넷 은행은 빅데이터와 인공지능을 동원한 특유의 디지털 기술로 이런 리스크를 방지하리라 기대되었습니다. 적어도 그것이 기술 기업으로서의 그들의 목표이지요.

종래의 시중은행은 분류해낼 기술*이 없어서 감행하지 않았던 고수익 저위험의 '짭짤한 고객군'을 그들이 골라낼 수 있을까요? 막 이륙한 인터넷 은행의 궤도는 첫 번째 과제의 성공에 달려 있습니다. 소외되었지만 가능성이 있는 이들의 답답함을 풀어주는 일로 성장해온 핀테크 기업만의 정신이 살아 있다면 그리 어려워 보이지는 않습니다.

신문이 결국은 인터넷 신문이 되어버린 것처럼, 은행도 결국은 인터넷 은행이 되어버리겠지요. 이런 변화는 이미 벌어지고 있는 일입니다. 오히려 '그 변화 뒤에 과연 누가 남아 있게 될까'의 문제일 터입니다.

금융은 특히나 규모의 게임, 그리고 규제 산업이기 때문에 신생 기업에게 불리합니다. 주택담보대출만 생각해봐도 근저당 등 복잡한 문서를 둘러싼 대면 문화가 뿌리 깊기에 디지털화가 녹록지 않습니다. 게다가 일반인의 일상은 각종 청구에 입출금 등 주거래 은행과 복잡하게 엮여 있습니다. 사용자 체험이 훌륭한 건 인정하더라도

---

* 토스 뱅크는 자사의 인공지능 신용평가모델로 분석하면 중·저신용자 중 30%가 숨겨진 안전한 신용자라고 판단합니다. 즉 그들을 포용할 수 있다는 것이지요. 카카오뱅크는 카카오페이 등 계열사가 수집해준 정보뿐만 아니라 제휴를 통해서도 비금융 정보를 수집 중입니다. 각종 소비 패턴 데이터나 통신사 데이터가 연체율과 의미 있는 상관관계가 있을지 모른다는 가설이 있기 때문입니다.

이를 넘어서는 또 다른 가치를 느끼게 해야 한다는 조바심을 신생 인터넷 은행은 모두 느끼고 있습니다.

소비자는 분명 편리함에 길듭니다. 그런데 눈과 귀를 내준 고객들에게 그들이 진정으로 원하는 것을 보여줄 수 있을까요?

▷ ▷ ▷

모든 산업은 결국 인터넷 산업이 되어갑니다. 금융도 예외는 아닙니다. 그 전환 뒤에 어떠한 기업이 살아남을지, 바야흐로 전환의 경쟁이 시작되었습니다.

로보어드바이저에게
내 돈을 맡겨도 될까?

자문처럼 개별적으로 특화된 인적 서비스가 기계에 의해 대체되며 제품화되고 있습니다. 서비스가 공산품화되는 일에 장점이 있다면 스펙이 공개되어 비교할 수 있다는 점이겠지요.

신탁(信託)이란 말이 알려주듯 돈 관리를 남에게 맡기는 일은 이미 익숙한 일입니다. 기계의 품은 인간과 달리 저렴하고 복제되어 늘어날 수도 있습니다. 따라서 자산운용 담당자로부터 개별관리를 받기 힘든 자산규모의 고객도 응대할 수 있습니다. 내 데이터와 조건, 경제 상황에 입각한 추천을 기계적으로 해주는 일은 품삯이 그리 들지 않습니다.

하지만 기계의 추천은 인간의 추천과 마찬가지로 어디까지나 추천일 뿐입니다. 기계의 품질이란 제각각일 수 있으니까요. 심지어 무작위로 뽑았을 때보다 선구안에 별 차이가 없더라도 상승장에서는 투자하지 않은 상황보다야 모두 다 괜찮아 보입니다. 성과에는 늘 착시가 있을 수 있는 셈이지요.

로보어드바이저는 그 이름처럼 어드바이스를 주는 조언가의 역할이 강합니다. 설정한 운용 목적, 목표액, 리스크 선호도 등에 따라 자산 운용 플랜을 제시받은 뒤, 발주(투자 실행)를 하거나 리밸런싱 등 실제로 최적화하는 일은 자신의 책임입니다. 전문가의 개인 자문을 받을 정도의 자산가는 아니지만 어느 정도 돈이나 시간이 조금은 있는 이들이 선호하겠지요.

한편 아예 투자일임형이라고 해서 전체를 맡기고 관리받는 형태도 인기를 끌고 있습니다. 들어오는 돈을 관리할 경험과 시간적 여유가 없는 사회 초년생들에게 인기가 있는지, 실제로도 고객은 젊은 층이 많습니다. 자동적립 기능이라든가 절세 추천과 같은 역할을 맡을수록 돈을 모으는 습관을 갖게 해줄 조력자가 될 수 있습니다.

국내에도 파운트, 에임, 쿼터백, 핀트 등 투자에 특화된 핀테크 기업들이 등장해서 앞서 본 두 형태의 서비스들의 진용을 갖춰나가고 있습니다. 따라서 수수료, 수익률, 최저투자금액 및 수신고 등 기본적인 특징과 스펙이 공개되고 또 정리되고 있습니다. 로보어드바이저 역시 로봇, 즉 일종의 전자 제품을 산다고 생각하고 꼼꼼하게 스펙을 훑어가며 비교 구매하는 편이 좋겠지요.

투자의 정석은 변하지 않아

영미권에서는 앞에 로보(Robo)라는 접두사를 붙이는 조어가 가끔 있습니다. 로보콜이라고 하면 기계로부터 걸려 오는 전화를 말하지요. 그리 대단한 기능은 아니라도 주체가 기계인 것에 로보를 붙이는 것에 불과합니다. 로보어드바이저 역시 마찬가지입니다.

딥러닝 인공지능 등 첨단 기술을 언급하더라도 미래를 예측할 수는 없는 일입니다. 지금까지의 확률·통계적 투자 방법론이 그래왔듯이 과거의 경향으로부터 힌트를 얻을 뿐이지요. 따라서 과신해서 단기적인 투자 결과를 탐하는 일은 위험합니다.

로보어드바이저는 기본적으로 수년 이상 걸친 장기적 관점에서 자산을 형성해가기 위한 방법론으로 개발되고 연구되었습니다. 이를 기억해둘 만합니다.

원래 적립식 분산 투자는 지루하지만 감정이 배제되어야 하는 일이니까 아무 생각 없는 기계가 하기에 적당하지요. 거꾸로 별다른 요령이나 욕심이나 요행 없이 이러한 일을 잘하는 기계가 있었다면 시장과 함께 성장했을 터입니다.

좋은 조언을 받는 일은 좋은 조언가의 시간을 사는 일이기에 저렴할 리가 없습니다. 하지만 로봇은 얼마든지 '동접'을 처리해줍니다. 공급자 입장에서도 사업의 운용 코스트를 줄일 수 있기에 소액 계좌로도 자산 관리 서비스가 가능해집니다. 비대면인 만큼 더 많은 설명을 '화면에 표시'해줄 수도 있겠지요. 고객 한 명 한 명을 위한 맞춤 운용, 그 체감을 시뮬레이션할 수 있습니다. 다양한 형식의 로보어드바이저가 더 많이 늘어날 수밖에 없습니다.

그러나 모든 신탁이 그렇듯이 돈을 맡긴 곳에서 '어느 날 오후 큰 손해를 봤다'며 연락해올 수도 있는 일입니다. 다른 곳에 분산해두었다면 최악은 면할 수 있겠지요. 또한 그런 위험을 알면서도 결국 시장은 우상향하리라 믿을 수 있는 배포가 있어야 할 수 있는 것이 투자라는 사실만큼에는 변함이 없겠지요.

현재 로보어드바이저는 역시 인덱스 펀드를 주된 포트폴리오로 삼고 있는데, 수수료 자체도 인덱스형 투자신탁에 비교하면 저렴하지 않습니다. 알고리즘의 합리성 및 보안을 포함한 시스템 안정성 역시 리스크 요소입니다. 모든 투자가 그렇듯 결국은 돈의 주인이 내려야 하는 판단인 셈입니다.

▷ ▷ ▷

멀리 보며 시장을 믿고 달걀을 한 바구니에 담지 않는 일. 로봇의 시대가 되어도 투자의 황금률은 변하지 않습니다.

■ **독자 여러분의 소중한 원고를 기다립니다** ─────────────────

메이트북스는 독자 여러분의 소중한 원고를 기다리고 있습니다. 집필을 끝냈거나 집필중인 원고가 있으신 분은 khg0109@hanmail.net으로 원고의 간단한 기획의도와 개요, 연락처 등과 함께 보내주시면 최대한 빨리 검토한 후에 연락드리겠습니다. 머뭇거리지 마시고 언제라도 메이트북스의 문을 두드리시면 반갑게 맞이하겠습니다.

■ **메이트북스 SNS는 보물창고입니다** ─────────────────

메이트북스 홈페이지 matebooks.co.kr

홈페이지에 회원가입을 하시면 신속한 도서정보 및 출간도서에는 없는 미공개 원고를 보실 수 있습니다.

메이트북스 유튜브 bit.ly/2qXrcUb

활발하게 업로드되는 저자의 인터뷰, 책 소개 동영상을 통해 책에서는 접할 수 없었던 입체적인 정보들을 경험하실 수 있습니다.

메이트북스 블로그 blog.naver.com/1n1media

1분 전문가 칼럼, 화제의 책, 화제의 동영상 등 독자 여러분을 위해 다양한 콘텐츠를 매일 올리고 있습니다.

메이트북스 네이버 포스트 post.naver.com/1n1media

도서 내용을 재구성해 만든 블로그형, 카드뉴스형 포스트를 통해 유익하고 통찰력 있는 정보들을 경험하실 수 있습니다.

STEP 1. 네이버 검색창 옆의 카메라 모양 아이콘을 누르세요.　STEP 2. 스마트렌즈를 통해 각 QR코드를 스캔하시면 됩니다.
STEP 3. 팝업창을 누르시면 메이트북스의 SNS가 나옵니다.